LAROUSSE **junior**

du Cheval et du Poney

écrit par
Sandy Ransford

photographié par
Bob Langrish

adapté par
Claire Lefebvre

LAROUSSE

21, rue du Montparnasse 75283 Paris cedex 06

L'édition originale de ce livre
a paru sous le titre
Kingfisher Riding Club Horses and Ponies
chez Kingfisher Publ. Plc

Conception : Bookwork

Adaptation : Claire Lefebvre
Réalisation : ACCORD Toulouse
Couverture : Cynthia Savage
Responsabilité éditoriale :
Véronique Herbold

ISBN: 978-2-03-565072-6
N* projet: 11009308
Dépot légal: mars 2002
Imprimé à Singapour - Juin 2009

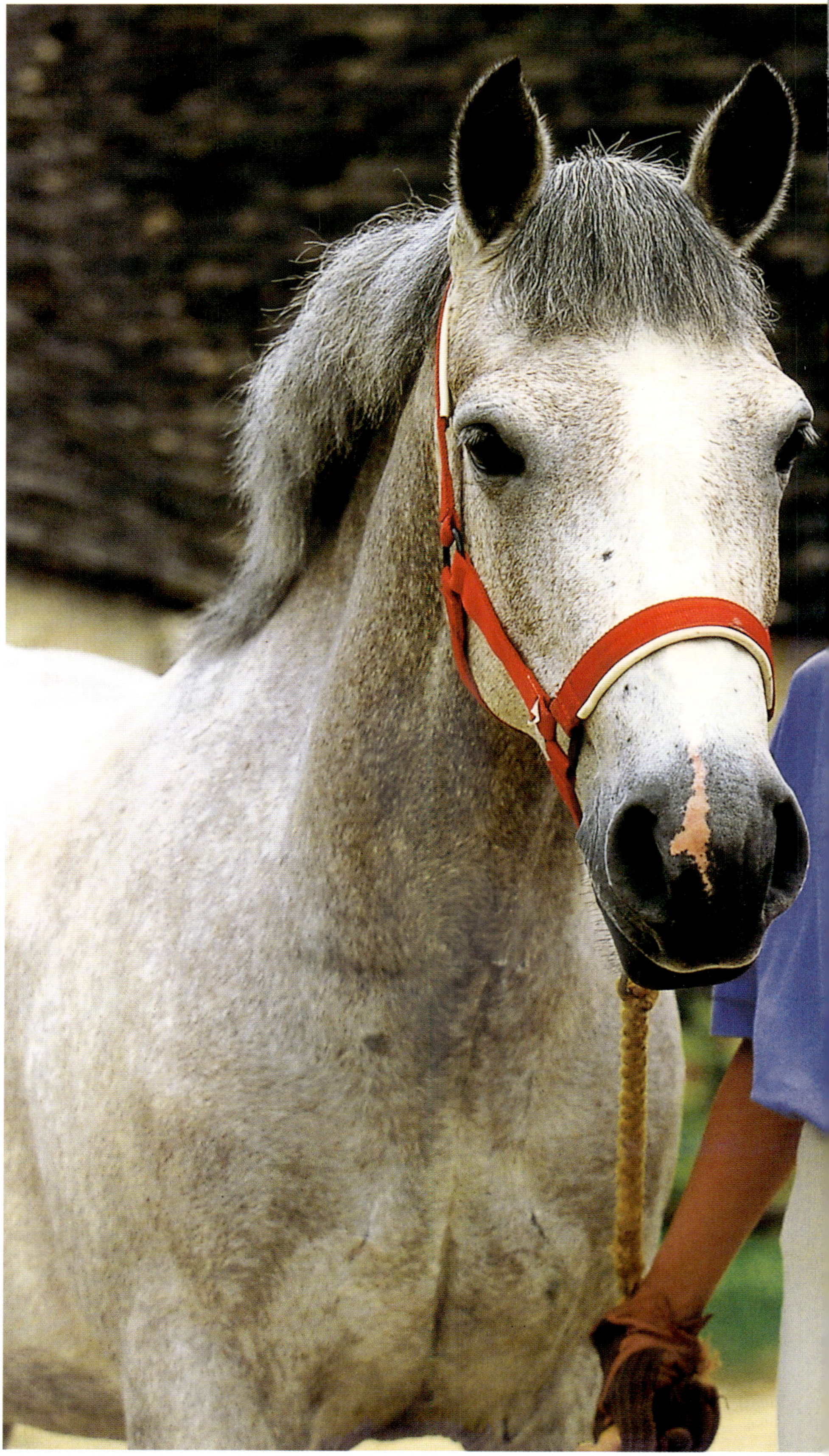

Sommaire

Qu'est-ce qu'un cheval ou un poney ?

Chevaux, poneys, ânes et zèbres font partie de la famille des *Equus*. Ils ont évolué différemment, mais ils ont des ancêtres communs. Les chevaux et les poneys appartiennent à la même espèce, *Equus caballus*. Le terme « cheval » sera donc souvent utilisé pour parler des chevaux ou des poneys. Les poneys, plus petits que les chevaux, sont souvent plus espiègles.

Le Cheval de Przewalski
Ce cheval sauvage fut découvert en Mongolie en 1881. Il ressemble beaucoup aux ancêtres primitifs des chevaux et des poneys domestiques modernes.

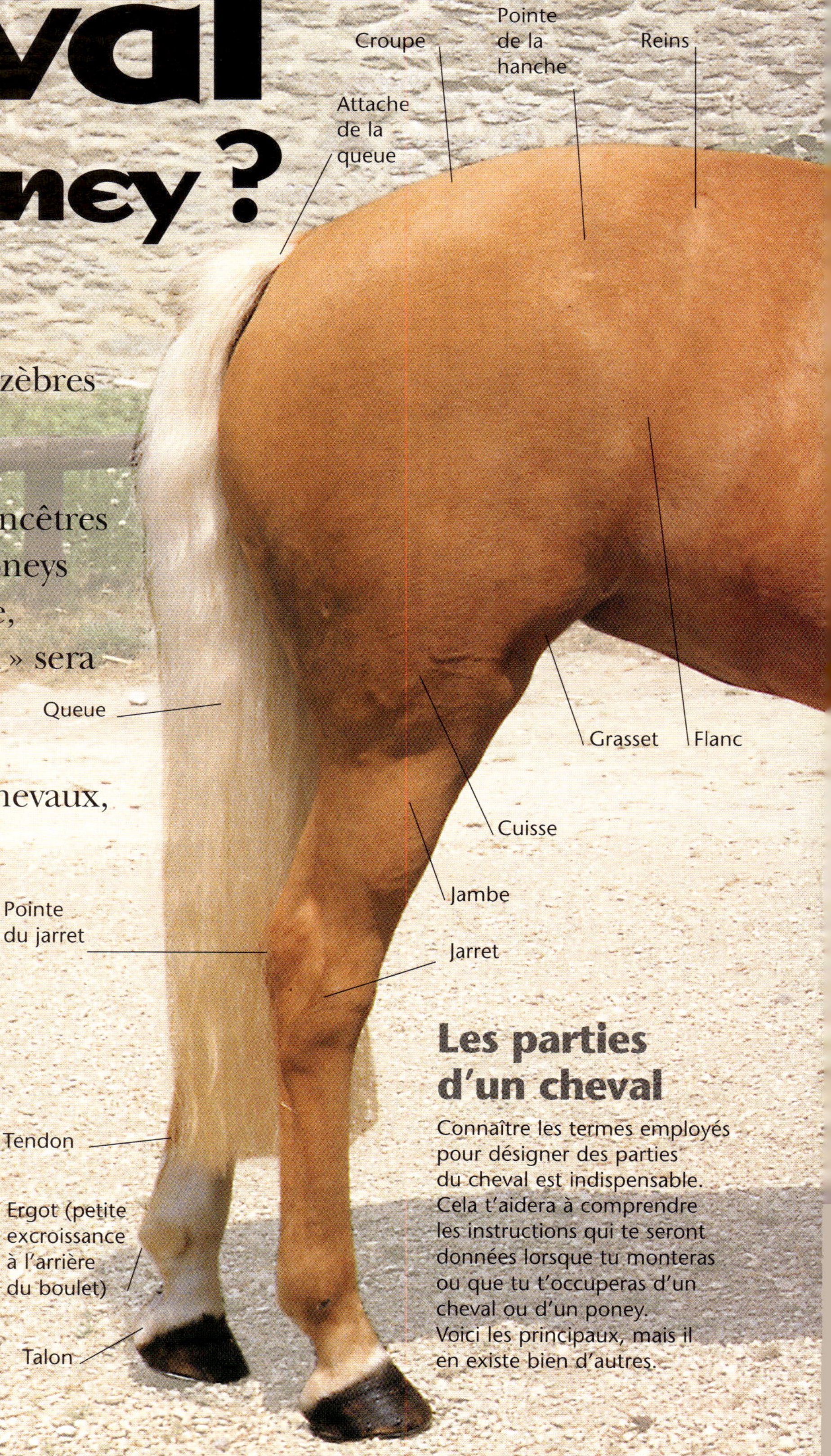

Les parties d'un cheval

Connaître les termes employés pour désigner des parties du cheval est indispensable. Cela t'aidera à comprendre les instructions qui te seront données lorsque tu monteras ou que tu t'occuperas d'un cheval ou d'un poney. Voici les principaux, mais il en existe bien d'autres.

Le dessous du pied
Seule la paroi (bord du sabot) est en contact avec le sol. Les pieds des chevaux doivent être parés (nettoyés) régulièrement. La ferrure évite que la corne ne s'use trop vite.

L'évolution

L'ancêtre le plus ancien du cheval, *Eohippus (Hyracotherium)* est apparu voici 55 millions d'années. C'était un petit animal de la taille d'un renard avec quatre doigts à chaque pied. Il évolua lentement, par étapes, pour aboutir au cheval moderne, *Equus caballus*.

Découvrir le cheval

Les chevaux sont des animaux vivant en troupeaux ou hardes. Entre eux se nouent des amitiés et parfois des conflits. Dans la nature, les chevaux passent jusqu'à 20 heures par jour à brouter en se déplaçant lentement. Lorsqu'ils se reposent, l'un des membres du groupe veille sur le sommeil des autres.

Toilettage mutuel

Qu'ils soient sauvages ou domestiques, les chevaux manifestent leur amitié en se toilettant mutuellement. Ils se mordillent l'encolure, le garrot ou le dos, renforçant ainsi les liens qui les unissent.

L'attitude du flehmen

Quand un cheval perçoit une odeur inhabituelle, il retrousse sa lèvre supérieure. C'est ce qu'on appelle l'attitude du flehmen qui lui permet d'analyser l'odeur grâce à l'organe de Jacobson, situé dans le palais.

Le langage des oreilles

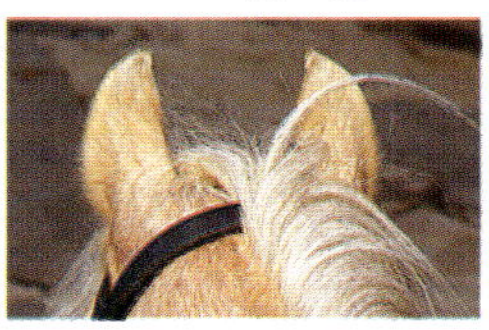

Oreilles pointées en avant Le cheval est attentif à ce qu'il fait et il s'attend à de bonnes choses.

Oreilles sur le côté Le cheval est distrait par quelque chose d'autre que son principal objet d'intérêt.

Oreilles en arrière Traduit la peur ou la colère. C'est un avertissement ; le cheval peut mordre ou botter.

Chevaux domestiques

Un cheval ou un poney tout seul sera toujours malheureux. S'il n'y a pas d'autres équidés dans les environs, des moutons, chèvres ou vaches peuvent leur tenir compagnie. La vie d'un cheval ou d'un poney domestique n'est pas naturelle et tu dois lui offrir le maximum de liberté.

En troupeau

Les chevaux sauvages, comme les Mustangs de l'Ouest américain, vivent en petits groupes, les hardes, constitués d'un étalon (un cheval entier), de juments et de leurs poulains. Ces derniers partent vers l'âge de deux ans pour constituer leur harde.

La hiérarchie

Au sein d'un groupe, chaque cheval occupe une position hiérarchique précise et des querelles éclatent lorsqu'un animal prétend changer cet ordre. À l'état sauvage, les étalons défient leurs rivaux. Ils mordent, frappent des antérieurs ou se retournent pour ruer. Les chevaux domestiques se menacent plus qu'ils ne se battent réellement. Une encolure tendue et des oreilles couchées suffisent en général à décourager l'importun.

Robes et marques

Les robes (le pelage) des chevaux et des poneys sont très variées, les plus répandues étant des variations de roux ou de gris sur une peau foncée. Certains animaux changent de couleur avec l'âge : les « chevaux blancs » ont souvent été gris et ont éclairci en vieillissant. Le noir pur est très rare.

Les robes

Une même robe se décline en différents tons. Le bai peut varier du brun clair au brun foncé ; le gris du presque noir au presque blanc. Une robe n'est dite blanche que si l'animal a la peau rose.

Gris pommelé
Poils gris et noirs formant des ocelles claires

Pie
Zones blanches et de couleur sur le corps

Palomino
Doré assorti de crins clairs, souvent blancs

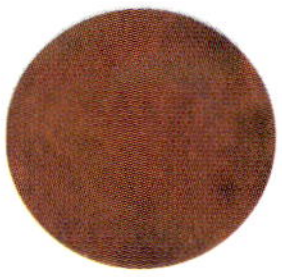

Bai brun
Brun avec les crins et les membres noirs

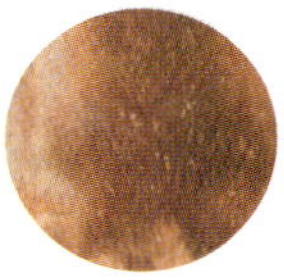

Alezan
Roux, poils et crins de la même couleur

Jument baie et son poulain
La robe de cette jument baie est d'un brun roux avec les extrémités noires (crinière, queue et bas des membres).

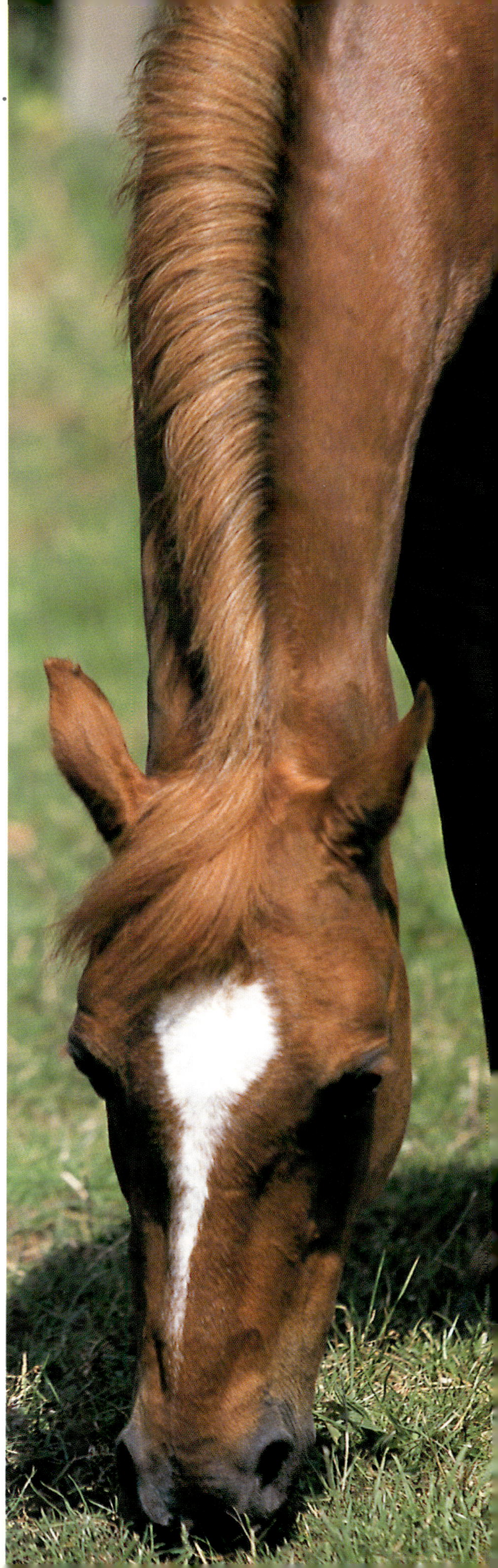

Des marques blanches
Ce poney est alezan. Il a une large en tête prolongée par une liste étroite et deux balzanes.

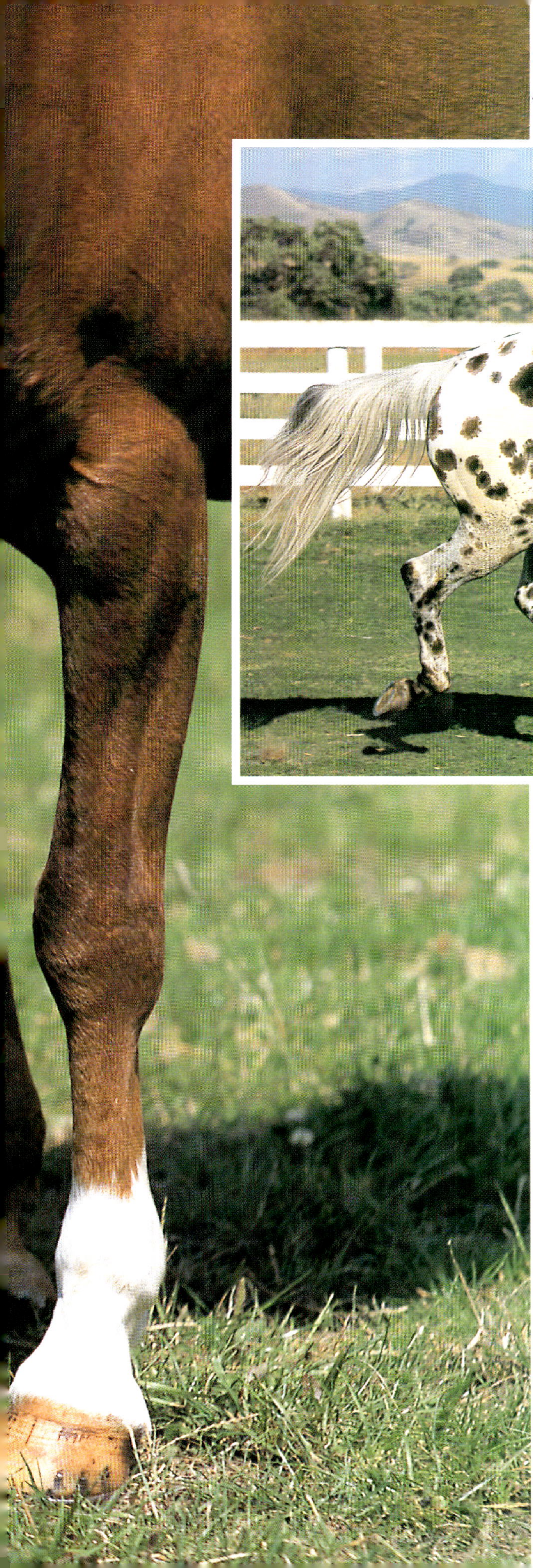

Appaloosa

L'Appaloosa est une race américaine de chevaux tachetés. La robe peut être blanche avec des taches d'une autre couleur ou foncée tachetée de blanc. Mais l'appaloosa est aussi une robe, tous les chevaux tachetés ne sont donc pas tous des Appaloosas.

Marques de la tête

Les marques blanches sur la tête des chevaux sont communes. Une ligne le long du chanfrein (la partie de la tête allant du front aux naseaux) est appelée liste ; une marque limitée au front une en tête (étoile, pelote, etc.).

Belle face — En tête prolongée par une liste

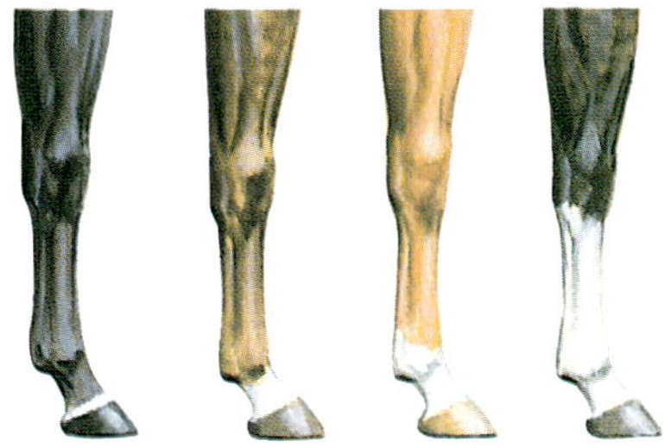

Principe de balzane — Sous le boulet — Au-dessus du boulet — Sous le genou

Les balzanes

Les marques blanches des membres sont appelées balzanes. Elles se caractérisent par leur hauteur. Par exemple, on dira balzane sous le genou ou balzane au-dessus du boulet.

Dents, sens et santé

Plus tu connaîtras les chevaux et plus tu réaliseras combien il te reste à apprendre. Essaie de toute façon d'en savoir le plus possible. Lorsque tu pourras reconnaître un poney en bonne santé à son comportement et à son aspect, tu seras alors capable de remarquer le moindre problème ou la moindre boiterie.

L'âge d'un cheval

On peut estimer son âge à sa dentition. Plus il vieillit, plus l'angle que forment ses incisives se réduit et plus leur surface de contact s'use.

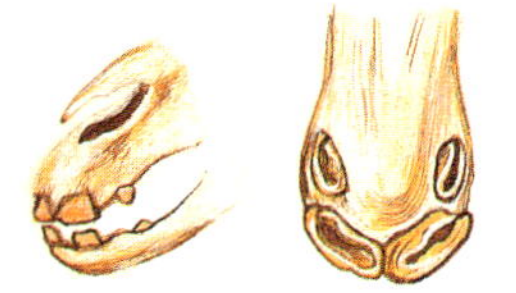

Jusqu'à six mois

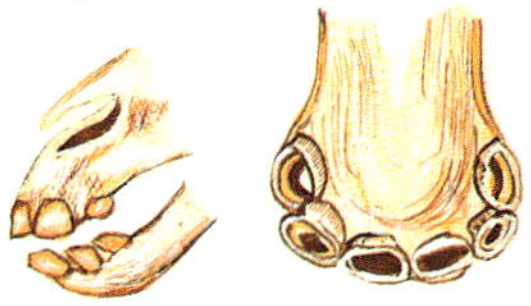

Deux ans

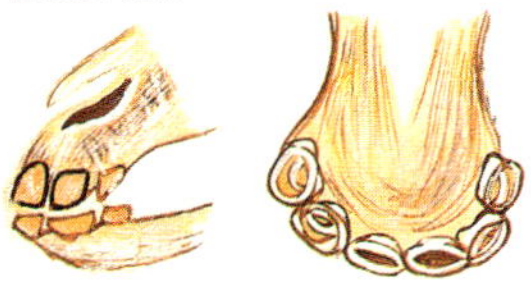

Trois ans

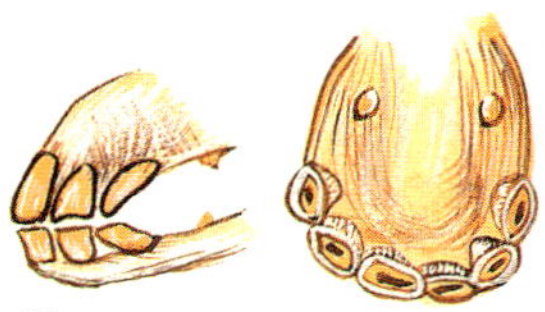

Cinq ans

Sept ans

Neuf ans

Quinze ans

Vinq-cinq ans

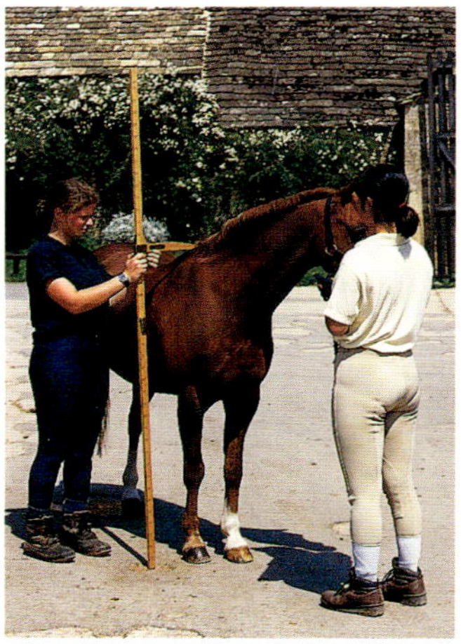

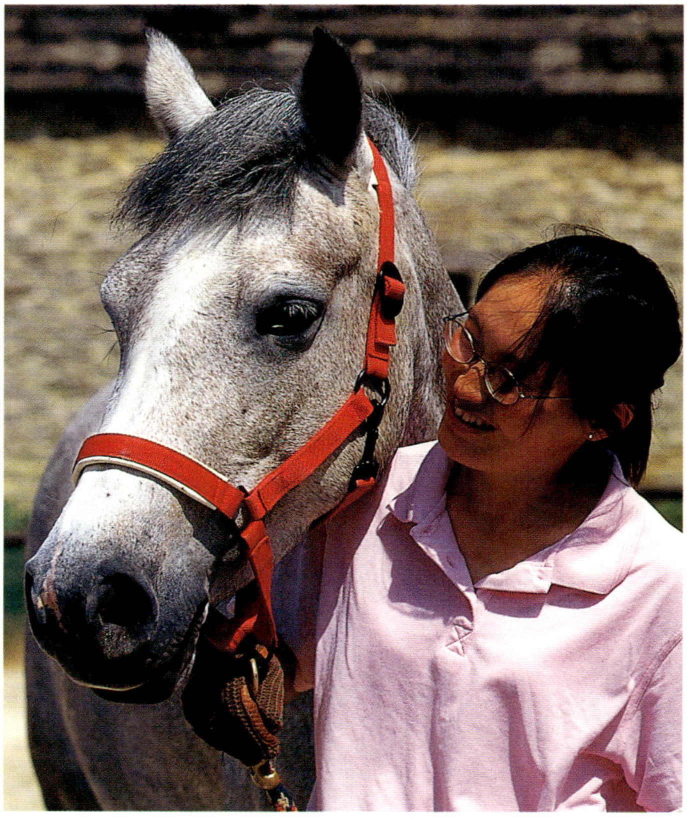

La taille

Un cheval se mesure du sol au sommet du garrot. Le plus facile est de te servir d'une toise avec un bras horizontal qui se pose sur le garrot. Généralement, la taille d'un cheval ou d'un poney se mesure en mètre et en centimètres. Ainsi, on dira un cheval de 1,65 m ou un poney de 90 cm.

Un comportement normal

Les signes de bonne ou de mauvaise santé sont les mêmes chez tous les chevaux, mais certains adoptent un comportement légèrement différent. Par exemple, les chevaux se couchent rarement dans la journée, mais certains aiment faire une petite sieste de temps en temps. Observe ton poney pour connaître ses habitudes.

Les sens

Les chevaux ont cinq sens, tout comme toi, mais ils sont bien plus développés que les tiens. Leurs ancêtres sauvages étaient la proie de prédateurs comme le loup. Dans la nature, leurs sens aiguisés les protégeaient en les avertissant en cas de danger.

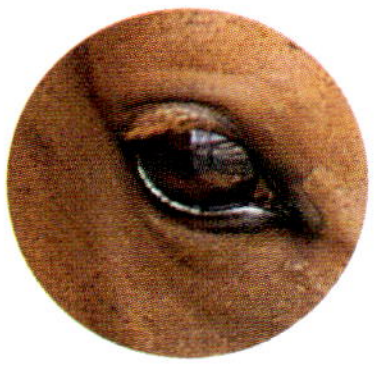

La vue
Ses yeux sont très espacés et à fleur de tête. Il peut voir de tous les côtés.

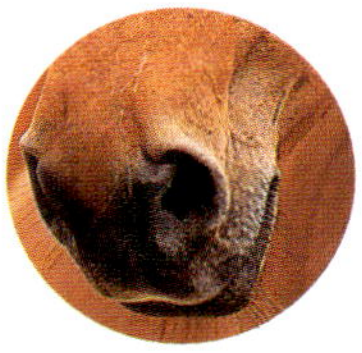

Le goût et l'odorat
Son odorat est très sensible. Il peut sentir un inconnu qui s'approche.

L'ouïe
Ses oreilles sont très mobiles. Il peut les orienter en direction du bruit.

Le toucher
Si une mouche se pose sur lui, il peut contracter le muscle précis pour la chasser.

En pleine forme

Un cheval en bonne santé est alerte et s'intéresse à ce qui se passe autour de lui. Son regard est vif et clair. Ses yeux et ses naseaux ne doivent pas couler. Sa robe est luisante et il montre de l'appétit à l'heure des repas.

Races de chevaux

Les hommes ont élevé des chevaux pour divers usages : « traits » pour l'agriculture, chevaux résistants pour le bétail et rapides pour les courses. Le cheval a cessé d'être le principal moyen de transport, et il est élevé pour le sport et la compétition. L'évolution de la demande contribue à la création de nouvelles races.

Palomino
Aux États-Unis, le Palomino est considéré comme une race. Mais c'est aussi une robe ; un Quarter Horse peut avoir la robe d'un Palomino.

Arabe
L'une des races les plus anciennes, réputée pour sa beauté et sa vigueur.

Lipizzan
Ce puissant cheval d'origine ibérique a fait la réputation de l'École espagnole de Vienne.

Pur-sang
Ce cheval de course, le plus rapide de tous, a des ancêtres Arabes.

Percheron
Ce cheval de trait français peut être gris ou noir. Iil n'a pas les fanons fournis (poils longs au bas des membres).

Andalou
Descendant de chevaux espagnols et du Barbe d'Afrique du Nord, l'Andalou est souvent gris ou bai, avec des crins ondulés très abondants. Il n'est pas rapide, mais ses allures sont excellentes. Il est surtout élevé dans le sud de l'Espagne.

Quarter Horse
C'est la première des races entièrement américaines. Il fut développé pour les courses sur le quart de mile (400 m), dont il hérita son nom. Rapide et agile, il est d'un tempérament calme, ce qui est idéal lorsqu'on mène du bétail.

Australian Stock Horse
L'Australian Stock Horse fut créé au XIXe siècle à partir du Waler et du Pur-sang, pour travailler dans les élevages de bétail ovin et bovin. Facile, c'est un bon cheval polyvalent doté d'une grande vigueur.

❶ Selle francais
Issu de l'Anglo-Normand, il est élevé pour le saut d'obstacles. Se distingue en concours complet.

❷ Waler
D'origine Anglo-Arabe, il vient de Nouvelle-Galle-du-Sud (Australie). A servi dans la cavalerie.

❸ Akhal-Téké
Originaire du Turkménistan, dans le nord de l'Asie. Sa robe a des reflets métalliques.

❹ Selle américain
Ce cheval américain possède des allures particulières, au nombre de 3 ou de 5.

❺ Morgan
Tous les Morgans descendent d'un étalon américain, Justin Morgan, né vers 1790.

❻ Trotteur américain
C'est un cheval de course attelée. La plupart des Trotteurs américains vont à l'amble : ils déplacent leurs membres par bipèdes latéraux et non diagonaux, comme au trot classique.

❼ Trakehner
Ce grand cheval d'Europe de l'Est est excellent en saut d'obstacles et en dressage.

Races de poneys

Il existe de nombreuses races de poneys. Certaines, comme les races britanniques, vivent depuis des siècles en semi-liberté. D'autres, tel le Shetland américain, ont été développées au cours des cent dernières années. La plupart des poneys sont des croisements ; ils ne dépassent pas 1,47 m au garrot.

Islandais
Il descend d'anciens poneys norvégiens et écossais importés en Islande au cours de la colonisation de l'Islande par la Norvège et il existe depuis plus de 1 000 ans. Robuste, rustique et plutôt petit (1,22 à 1,32 m), il fut longtemps le principal moyen de transport dans l'île.

Welsh
Il existe quatre races welsh, originaires du pays de Galles : le Welsh de montagne (le plus petit), le Welsh, le Welsh de type Cob et le Welsh Cob (le plus grand). Cette jument et son poulain sont des Welsh de montagne.

Poney australien
Reconnu comme race dans les années 1920, le Poney australien a été développé à partir de plusieurs races importées, en particulier le Welsh de montagne. C'est un poney de selle de qualité, bien proportionné, facile et doté d'une bonne action.

Chincoteague
Les poneys Chincoteague et Assateague comptent parmi les derniers chevaux sauvages. Ils vivent sur des îles au large des côtes de Virginie, aux États-Unis, et descendraient de Barbes d'Afrique du Nord, rescapés d'un naufrage au XVIe siècle.

Shetland américain
Créé au XXe siècle à partir de poneys Hackney et de Shetlands écossais, le Shetland américain est un poney d'attelage svelte, très prisé aux États-Unis.

➊ Highland
Poney de randonnée apprécié, le Highland écossais est souvent gris ou isabelle.

➋ Dales
Noir, bai ou bai brun, originaire du nord de l'Angleterre, le Dales est un poney d'attelage.

➌ New Forest
Le New Forest est un poney de selle populaire, qui vient du sud de l'Angleterre.

➍ Connemara
Polyvalent, le Connemara est le seul poney natif d'Irlande. Il est souvent gris.

➎ Fjord
Le Fjord est norvégien. Sa robe, louvet crème ou isabelle, présente une raie dorsale foncée.

➏ Fell
Toujours noir ou bai brun, le Fell peut être monté ou attelé. Il vient du nord de l'Angleterre.

➐ Dartmoor
Poney de selle originaire du sud de l'Angleterre, le Dartmoor est doué pour le saut.

➑ Haflinger
Alezan crins lavés ou palomino, le Haflinger est un puissant poney polyvalent autrichien.

➒ Shetland
Trapu et très fort, ce petit poney vient des îles Shetland, au large de l'Écosse.

➓ Cheval de la Caspienne
Découverte en 1965 en Iran, c'est une vieille race qui excelle à l'attelage.

Harnachement de tête

Le harnachement est l'équipement utilisé sur un cheval ou un poney : bride et mors, selle, sangle, étriers et martingale. La bride dont tu te serviras s'appelle un filet et son mors, un mors de filet. Elle peut se démonter entièrement. Les brides ont différentes tailles et il existe de nombreux types de mors conçus pour les différents chevaux et poneys.

Bride western
La bride western a souvent un passage à une oreille. Les rênes ne sont pas attachées et se tiennent à une main. Certaines brides n'ont pas de mors, d'autres ont un mors à longues branches.

Filet

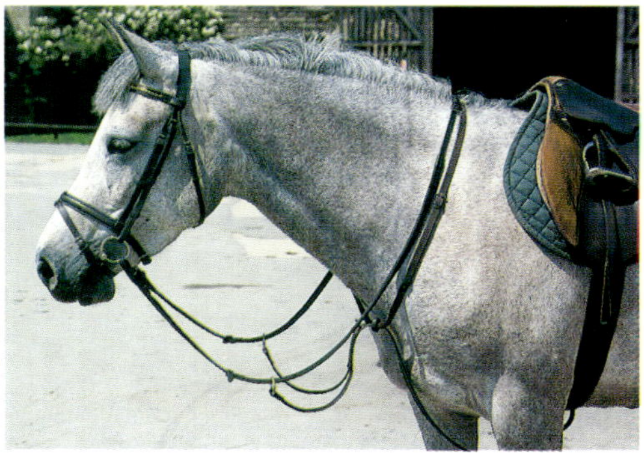

Martingale à anneaux

Martingale fixe

Harnachement western

Il est similaire à celui utilisé par les cow-boys. Les chevaux sont entraînés à réagir aux aides les plus légères. La selle, lourde, est maintenue par un collier de chasse qui se fixe de chaque côté du poitrail et à la sangle.

Martingales

La martingale sert à empêcher le cheval de lever exagérément la tête et d'échapper ainsi au contrôle du cavalier. Il en existe deux types principaux : la martingale fixe, longue lanière qui relie la sangle à la muserolle, et la martingale à anneaux, qui se divise en deux lanières terminées par des anneaux dans lesquels coulissent les rênes. Les deux types sont maintenus en place par un collier.

Filet

Le filet est une bride simple. On peut l'équiper de différents mors et muserolles. La muserolle française et le mors de filet sont les plus utilisés.

Muserolle combinée
C'est une muserolle française munie d'une courroie supplémentaire fixée au chanfrein et qui s'ajuste sous le mors. Elle maintient la bouche du cheval fermée.

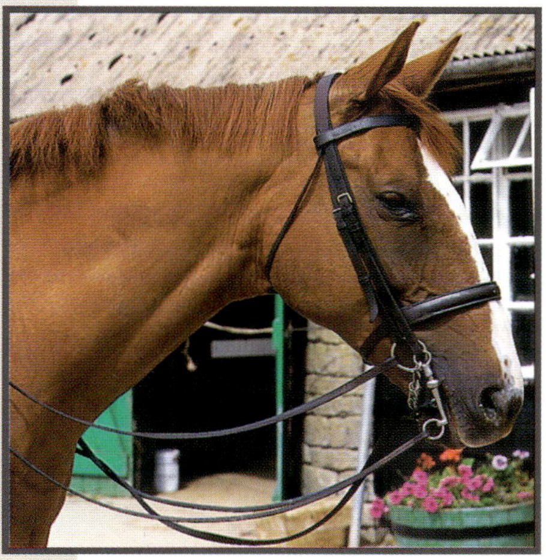

Bride double
Cette bride – réservée au dressage – comporte un mors de filet et un mors de bride avec de longues branches ; elle est utilisée avec une gourmette et une fausse gourmette.

Filet simple à olives

Filet à anneaux coulissants

Filet à embouchure droite

Filet à double brisure

Kimblewick

Pelham
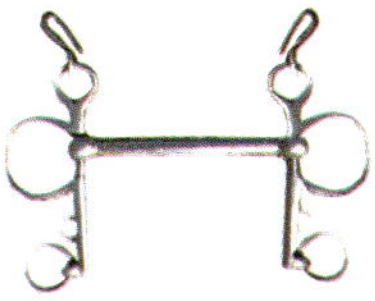

Mors

Le filet à olives est conçu pour ne pas pincer les commissures des lèvres du cheval. Le Pelham et le Kimblewick sont des mors de bride. La gourmette s'ajuste sous le menton. Lorsque les rênes sont sous tension, elle fait pression, ce qui donne plus de contrôle au cavalier.

Sangles

La selle est maintenue par une sangle qui se boucle aux contre-sanglons situés sous les quartiers. Les sangles sont en cuir, en toile ou en matériau synthétique. Certaines – la sangle croisée –, sont conçues pour éviter les frottements au niveau des coudes.

Sangle croisée en cuir

Sangle anatomique matelassée

Sangle en toile

Types de selles

Toutes les selles ont une armature interne, appelée arçon, faite de bois, de métal ou de fibres de verre. Généralement, l'habillage de la selle est en cuir de porc ou d'un autre animal. Toutefois, certaines selles modernes sont réalisées en matériau synthétique, moins coûteux. Il existe plusieurs sortes de selles, adaptées à différentes utilisations – loisirs, obstacles, dressage ou concours.

Selle mixte

Grâce à sa coupe vers l'avant et à ses avancées de quartier qui évitent aux genoux du cavalier de glisser vers l'avant lors d'un saut, la selle mixte se prête à toutes les disciplines. Tu peux l'utiliser pour les promenades, les concours locaux ou le dressage à un niveau élémentaire.

Selle de dressage

Plus creuse, la selle de dressage permet au cavalier de s'asseoir profondément et de chausser ses étriers longs. Comme la selle de concours, elle dégage les épaules du cheval et les quartiers sont verticaux.

Entretien du harnachement

Le harnachement doit être nettoyé et vérifié régulièrement. Propre et souple, le cuir ne craque pas et n'irrite pas le cheval.

Lave d'abord le mors, puis débarrasse la bride, la selle et les étrivières de la graisse et de la saleté avec un chiffon humide. Passe ensuite du savon à selle sur tous les cuirs, en le faisant bien pénétrer. Évite de trop mouiller l'éponge car l'eau est mauvaise pour le cuir.

Pour le nettoyage, la bride est suspendue à un crochet.

La selle est placée sur un porte-selle.

Avancées de quartier
La matelassure des avancées de quartier permet de bien caler les genoux lors d'un saut.

Selle d'obstacle

La coupe de la selle d'obstacle permet de chausser les étriers plus courts et de s'asseoir correctement vers l'avant et en équilibre. Les avancées de quartier sont bien en avant et matelassées. Le siège est moins creux.

Selle western

Autrefois, les cow-boys passaient des heures à cheval et transportaient tous leurs biens sur leur selle. La corne servait à attacher les veaux pris au lasso. Longue, la selle western permet une meilleure répartition du poids du cavalier sur le dos du cheval et les étriers en bois sont confortables.

Selle d'amazone

Jusqu'au début du XXe siècle, les femmes ont monté en amazone, un style qui est désormais réservé aux spectacles. Les jambes sont calées par deux pommeaux. La cavalière contrôle le côté gauche du cheval avec sa jambe gauche et le côté droit avec une longue cravache.

Monter un cheval ou un poney

Une cavalerie en pleine forme
Les chevaux doivent être en bonne santé, bien traités et s'intéresser à ce qui se passe autour d'eux.

Un environnement sans danger
La sécurité est un point important dans un centre équestre. La cour doit être fermée pour qu'aucun cheval ne puisse s'échapper. Elle doit être propre (pas de crottins ni de paille éparpillée) et aucun objet dangereux ne doit y traîner.

Une sellerie bien ordonnée
Pour la sécurité des cavaliers et le confort des chevaux, le harnachement doit être très bien entretenu et rangé.

Le personnel de l'écurie
Le personnel et les bénévoles doivent savoir manipuler les chevaux dans le calme et en toute sécurité. Ils doivent être amicaux et attentionnés.

Des jeunes cavaliers heureux
Dans ton centre équestre, tu te feras certainement des amis de ton âge qui partagent ta passion.

Lorsque tu auras décidé d'apprendre à monter à cheval, il faudra chercher un bon centre équestre. Renseigne-toi pour savoir où l'enseignement est le meilleur et visites-en plusieurs. Observe les chevaux : ils doivent être bien nourris et bien soignés. Tous les boxes doivent être propres, de même que la cour et la sellerie.

Les tenues d'équitation

Classique
Une tenue correcte est exigée pour les compétitions de saut d'obstacles et de dressage.

Décontracté
Pour t'amuser ou pour les leçons, tu n'as pas besoin de cravate ni de veste.

Autrefois, les tenues d'équitation étaient très strictes, mais aujourd'hui tu peux porter des vêtements plus pratiques et plus variés. Casque ou bombe sont les seuls éléments indispensables. Il existe de nombreux modèles de chaussures, boots ou bottes pour l'équitation, ainsi que divers modèles de culottes, jodhpurs ou jeans extensibles, plus confortables que des pantalons ordinaires.

Un peu d'élégance

Que tu optes pour une tenue classique, décontractée ou plus à la mode, essaie d'être toujours propre et soigné. Rentre la chemise dans la culotte et, si tu as les cheveux longs, attache-les dans le dos.

Au chaud et au sec

Tenue d'intempéries

Par temps pluvieux, l'idéal est l'imperméable long. Des pattes spéciales te permettront de le fixer autour de tes jambes.
Par temps froid, porte des caleçons longs sous la culotte.

Tenue western

La tenue western s'inspire de celle des cow-boys : chapeau à larges bords, chemise et bandana (foulard) colorés, blouson et culotte en jean, longues chaps en cuir (jambières) et bottes à talons. Les jeunes cavaliers portent un casque pour la sécurité et les chaps sont facultatives.

Tenue classique

Pour les épreuves de présentation, la tenue se compose d'une veste, d'une bombe, de bottes noires et d'une culotte claire. Renseigne-toi pour connaître la tenue exigée.

Tenue de saut d'obstacles

Le port d'un gilet de protection est indispensable en saut d'obstacles. En compétition, tu devras sans doute porter une veste par-dessus. En cross-country, tu pourras être plus décontracté, avec un sweat et une toque assortis, par exemple.

Première rencontre

Tu seras sans doute impressionné la première fois que tu t'approcheras d'un cheval, mais il n'y a rien à craindre. Reste calme, ne crie pas et ne t'agite pas en tous sens. Fais connaissance avec ton nouvel ami : si tu t'approches franchement et que tu lui parles gentiment, il se sentira tout de suite à l'aise.

Un cheval trop grand
Ce cheval est trop grand pour la cavalière. Ses jambes sont en contact avec les quartiers de la selle et non avec le cheval.

Un poney trop petit
Au contraire, ce poney est trop petit pour sa cavalière. Ses jambes pendent trop bas et elle est sans doute trop lourde pour lui.

La bonne monture

Dans un centre équestre, on te donnera une monture à ta taille. Lorsque tu es correctement assis dans ta selle, les semelles de tes chaussures doivent être au niveau du ventre de l'animal. Tu pourras ainsi utiliser tes jambes au bon endroit, juste à l'arrière de la sangle.

Comment se comporter face à un cheval ou un poney

Marche, ne cours pas dans les écuries ou autour des paddocks. Ne t'énerve pas et ne te mets pas en colère.

Parle-lui calmement, comme à un ami. Ne crie pas et ne ris pas trop fort.

Marche vers lui naturellement Si tu es nerveux, il le sera aussi.

Caresse-le le long de l'encolure, franchement ; il ne faut pas le chatouiller !

Parle-lui fermement et amicalement, comme si tu avais l'habitude de le diriger.

Offre-lui une friandise (morceaux de carotte ou de pomme). La nourriture est une aide précieuse dans bien des situations.

Faire connaissance

Approche-toi du poney par devant, légèrement de côté. Avance vers sa tête de façon à ce qu'il puisse te regarder. Parle-lui pour qu'il entende ta voix et comprenne que tu es un ami. Laisse-le sentir ta main, puis caresse-le sur l'encolure et montre-lui que tu n'as pas peur de lui.

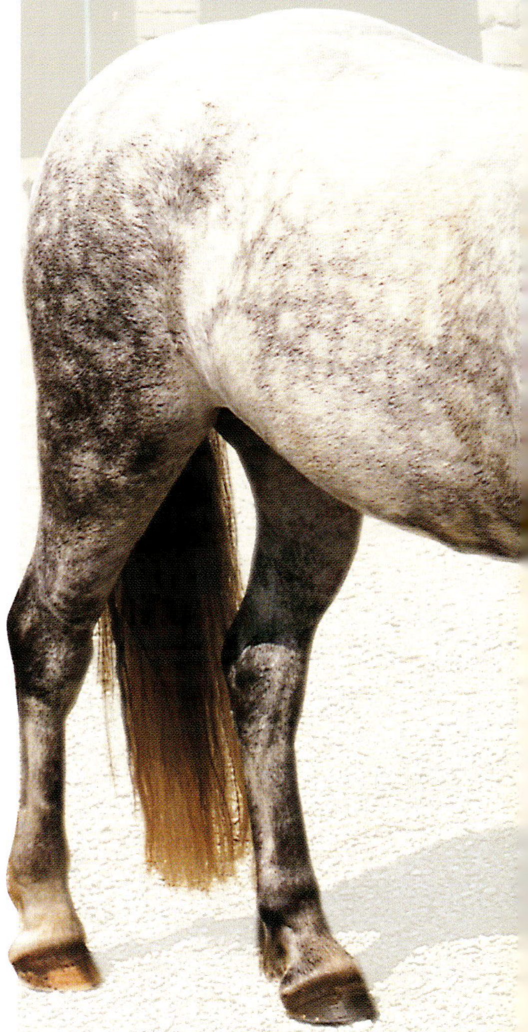

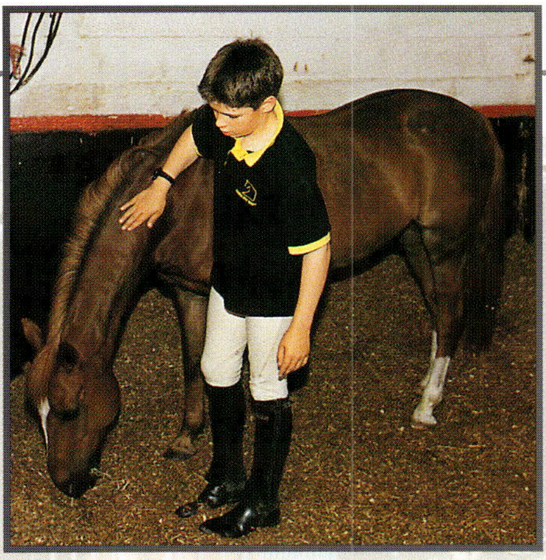

Dans le box

Avertis-le toujours de ta position de façon à ne pas le surprendre. Si tu dois le contourner par-derrière, pose une main sur son arrière-train et fais-la glisser le long de sa queue pendant que tu te déplaces. Cela l'empêchera de reculer.

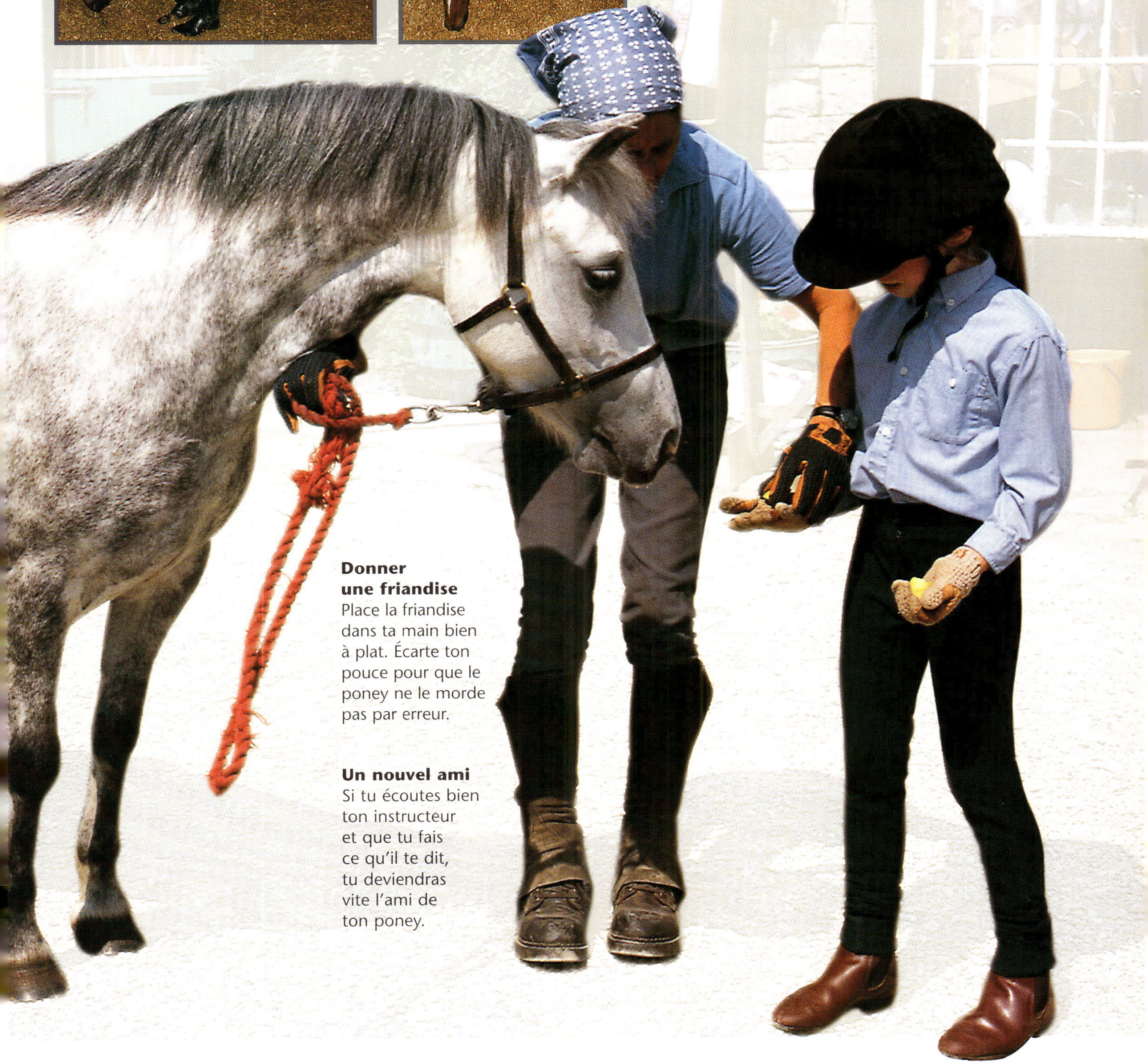

Donner une friandise
Place la friandise dans ta main bien à plat. Écarte ton pouce pour que le poney ne le morde pas par erreur.

Un nouvel ami
Si tu écoutes bien ton instructeur et que tu fais ce qu'il te dit, tu deviendras vite l'ami de ton poney.

La préparation

Avant de monter à cheval, il y a une foule de choses à faire. Une fois que tu te seras habitué à t'occuper de ton poney, il te faudra peut-être aller le chercher au pré pour le ramener à l'écurie. Puis tu devras procéder à un sérieux pansage. Lorsqu'il sera propre, il sera prêt à être harnaché, c'est-à-dire sellé et bridé. Avant le travail, laisse-lui toujours le temps de digérer.

Mettre un licol....
Place-toi sur sa gauche, à hauteur de sa tête, et passe la muserolle du licol autour de son nez.

... et le boucler
Avec la main droite, passe doucement la têtière derrière ses oreilles tout en maintenant le montant de ta main gauche pour que la muserolle ne glisse pas. Il ne reste plus qu'à boucler le licol.

Passer un licol

Le licol sert à mener et à attacher un cheval ou un poney. La plupart te laisseront volontiers faire, mais il se peut que le tien se montre difficile à attraper. Propose-lui alors une friandise pour l'attirer.

Mener un cheval ou un poney

Par tradition, on mène un cheval en se tenant sur sa gauche. Tiens la longe (corde) de la main droite près de la tête du poney, et place la gauche à l'autre bout. Si elle est longue, tu peux la replier.

Si le poney s'énerve et se met à tirer, tu pourras ainsi lâcher la main droite tout en le maintenant par le bout de la longe de la main gauche. Normalement, il décrira des cercles autour de toi.

Lorsque tu mènes un poney en longe, place-toi un peu en avant de son épaule et regarde où tu vas. Ne te retourne pas pour le regarder et ne le tire pas. Si tu veux tourner, passe devant lui.

L'attache

Attache ton poney avec un nœud coulant, facile à défaire en cas d'urgence. Certains chevaux paniquent facilement. S'ils ne peuvent pas se libérer en tirant, ils risquent de se blesser. Le mieux est de les attacher grâce à une cordelette qui cassera facilement.

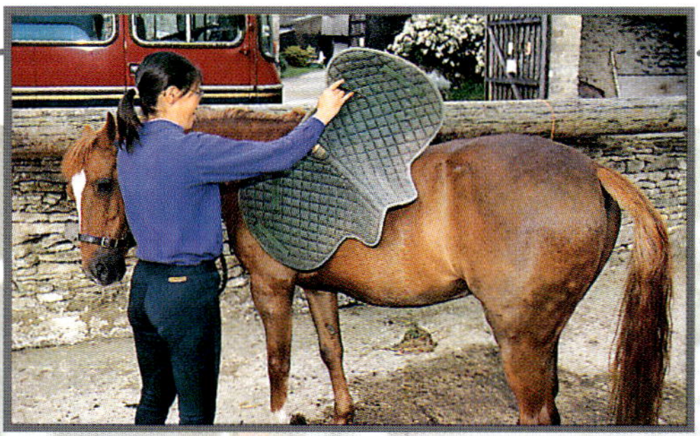

1 Place d'abord le tapis de selle, qui va sous la selle. Pose-le un peu trop en avant pour commencer.

Seller un cheval

La selle doit être placée juste derrière le garrot du cheval et la sangle à une main environ de son coude. Tu dois apprendre à seller un cheval ou un poney, même s'il l'est déjà quand tu arrives à ton centre équestre. C'est plus amusant de le faire toi-même. En outre, plus tu seras en contact avec lui et plus tu apprendras à le connaître.

2 Pose la selle sur le tapis et remonte-le dans le goulet en plaçant ta main gauche sur le pommeau et la droite sur le troussequin. Fait ensuite glisser le tapis et la selle vers l'arrière jusqu'à la bonne position.

3 Si le tapis est muni d'une boucle, passe un contre-sanglon de chaque côté. Cela l'empêchera de glisser.

4 Attache la sangle du côté droit et laisse-la pendre. Fais le tour du poney et attrape-la sous son ventre.

5 Utilise les deux premiers contre-sanglons, ou le premier et le dernier. Ne serre pas avant d'être prêt à monter.

Harnacher

Une fois que ton poney ou ton cheval sera sellé, tu pourras lui mettre son filet. La plupart n'aiment pas être sanglés et se gonflent. Si tu le selles en premier, il aura ainsi le temps d'oublier l'inconfort de la sangle et tu pourras la resserrer plus facilement au moment de monter. Avant de le brider, assure-toi qu'aucune partie du filet n'est tordue.

Brider un cheval ou un poney

Pour le brider, place-toi sur sa gauche. S'il refuse d'ouvrir la bouche pour prendre le mors, introduis ton pouce à la commissure de ses lèvres et presse légèrement sur la barre.

1 Déboucle le licol, ôte-le du nez de l'animal et referme-le autour de son encolure afin qu'il ne s'échappe pas.

2 Le filet dans la main gauche, passe les rênes par-dessus sa tête avec la main droite.

3 Passe ton bras droit sous sa tête de façon à tenir le filet au-dessus. Introduis le mors dans sa bouche avec ta main gauche.

4 Couche ses oreilles et passe la têtière par-dessus. Dégage le toupet au-dessus du frontal.

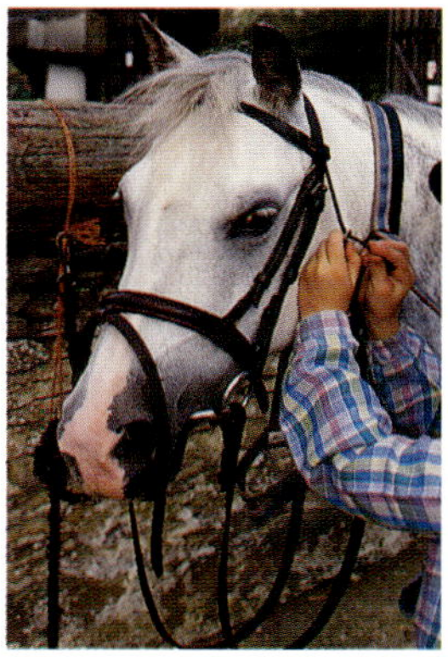

5 Boucle la sous-gorge. Tu dois pouvoir glisser le poing entre la sous-gorge et la gorge du poney.

6 Ajuste la muserolle sans trop la serrer, de façon à pouvoir passer deux doigts au-dessous.

7 S'il s'agit d'une muserolle combinée, ajuste la lanière du bas en dernier, sous le mors.

Laisser un poney harnaché

Si tu dois le laisser harnaché, entortille les rênes ensemble et boucle la sous-gorge à l'intérieur. Cela évitera qu'elles ne glissent de sa tête. Pour l'attacher, passe-lui un licol par-dessus son filet. Ne resserre pas la sangle et ne descends pas les étriers avant d'être prêt à monter.

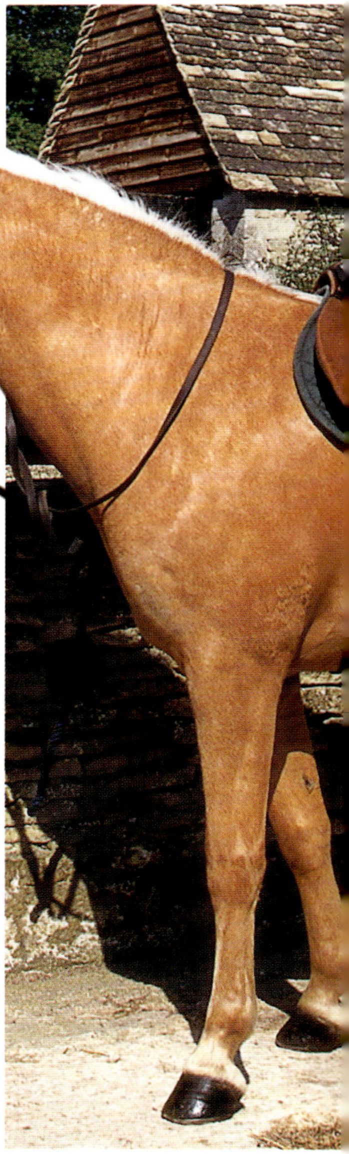

Enfin prêt !

Avant de te mettre en selle, prends l'habitude de vérifier ton harnachement. Assure-toi que le filet est bien ajusté, que toutes les courroies sont bouclées, et les extrémités glissées dans les boucles. Vérifie que la sangle repose à plat, attachée aux bons contre-sanglons et, surtout, suffisamment serrée.

Déharnacher

Avant de déharnacher ton poney, attache-le. Boucle le licol autour de son encolure pour retirer le filet. Ne lui laisse pas la selle si la sangle est défaite ; elle pourrait tomber et être abîmée.

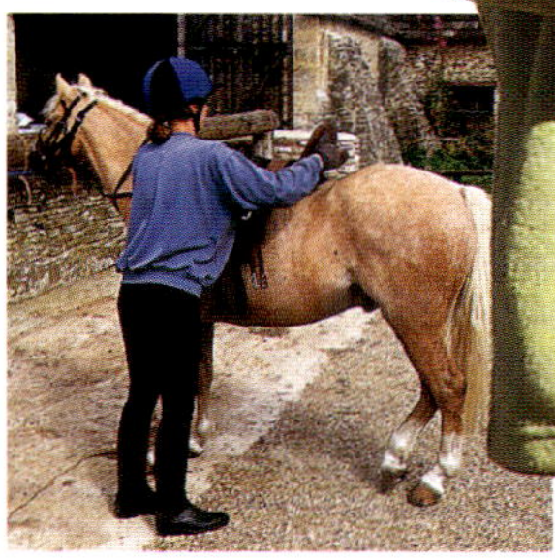

Pour desseller, remonte les étriers le long des étrivières, défais la sangle et rabats-la par-dessus la selle. Retire ensemble la selle et le tapis.

Pour retirer le filet, défais la sous-gorge et la muserolle. Fais-le glisser de la tête de l'animal.

Porte le filet sur ton épaule pour que les rênes ne traînent pas par terre.

Porte la selle sur ton avant-bras, la sangle posée sur le siège et le pommeau au creux du coude. Mets le filet sur l'épaule. De cette façon, tu auras une main libre pour ouvrir une porte ou allumer la lumière, si nécessaire.

La mise en selle

Avant d'apprendre l'équitation, tu devras savoir te mettre en selle et en descendre en toute sécurité. Même si ton instructeur t'aide au début, viendra le temps où tu auras à descendre tout seul, pour ouvrir une barrière, par exemple, lors d'une promenade. Avant de monter, vérifie la longueur des étrivières : tes doigts sur le couteau porte-étrivière, l'étrier doit atteindre le creux de ton aisselle, étrivière bien tendue.

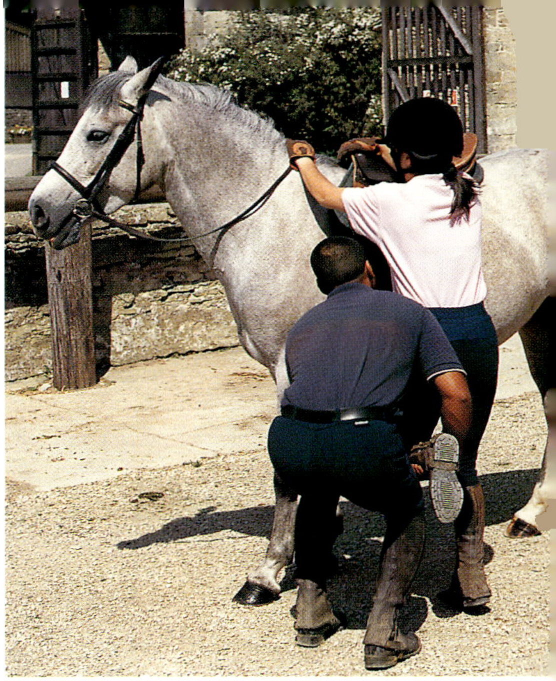

Avec de l'aide

Se mettre en selle avec de l'aide est plus facile. Tiens les rênes de la main gauche et attrape la selle de la droite. Plie le genou pour que la personne qui t'aide puisse tenir ta jambe. Compte jusqu'à trois et saute ; elle te soulèvera en même temps.

1 Les rênes dans la main gauche, place doucement ton pied gauche dans l'étrier.

2 Tiens la selle de la main droite et saute. Ne te hisse pas à la force des bras.

3 Passe ta jambe droite au-dessus de la croupe du poney sans le heurter.

4 Assieds-toi doucement dans la selle et glisse le pied droit dans l'étrier.

Se mettre en selle

Lorsque tu apprends à te mettre en selle, il est préférable que quelqu'un tienne ton poney pour toi. Juste avant, prends l'habitude de vérifier que la sangle est bien serrée, sinon la selle pourrait tourner. S'il n'y a personne pour t'aider et que ton poney est tenté d'avancer, place-le face à une barrière ou à un mur pour qu'il ne puisse pas bouger.

Une autre façon de mettre pied à terre

Il se peut que l'on t'enseigne une autre façon de mettre pied à terre, en faisant à l'inverse les gestes de la mise en selle. Ôte ton pied droit de l'étrier, mais garde le gauche chaussé. Passe la jambe droite par-dessus le poney et pose le pied droit au sol en premier. Pour finir, déchausse l'étrier gauche.

Mettre pied à terre

Déchausse les deux étriers. Prends les rênes dans la main gauche et pose-la sur l'encolure du poney, puis penche-toi en avant légèrement. Attrape la selle de la main droite et passe la jambe droite par-dessus sa croupe. Laisse-toi glisser au sol en douceur, genoux souples, en te dégageant des pieds du poney.

La bonne position

Une bonne position en selle te permettra de donner les aides (indications pour diriger un cheval ou un poney) correctement. Bien assis, tu auras meilleure allure. Ne te concentre pas trop cependant, au risque de te raidir. Il faut rester souple et décontracté pour que ton corps accompagne le mouvement du poney. C'est ainsi que tu trouveras cela agréable et lui aussi.

Longueur des étrivières

Tu peux t'assurer que les étriers sont à la bonne hauteur en les déchaussant. Jambes pendantes, leurs planchers doivent se trouver au niveau de tes chevilles.

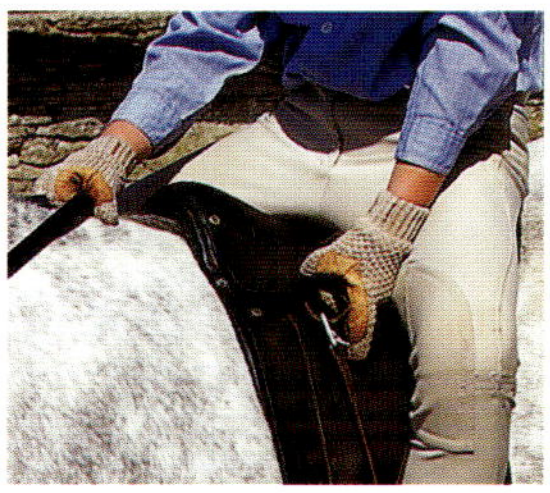

Ajuster les étrivières

Tiens les rênes d'une main et raccourcis ou rallonge les étrivières de l'autre. Tire la lanière de l'étrivière vers le haut en gardant le pied dans l'étrier. Lorsque tu l'as réglée au bon trou, remonte la boucle sous le petit quartier.

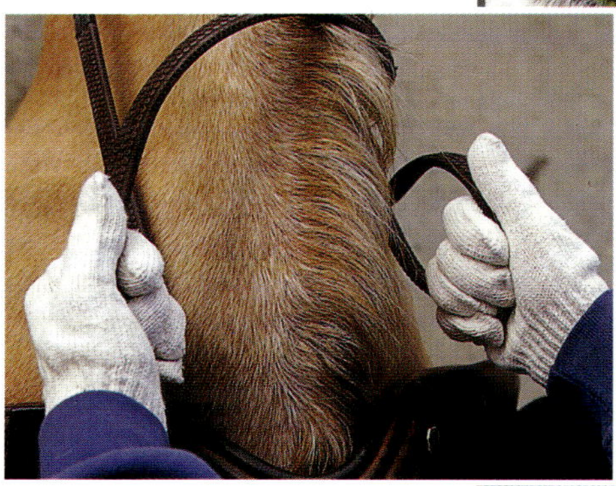

Tenue des rênes

Les rênes doivent entrer dans ta main entre l'annulaire et l'auriculaire et ressortir entre le pouce et l'index. Tu dois toujours être au « contact » avec la bouche de ton poney, c'est-à-dire la sentir. En mouvement, tes mains doivent accompagner sa tête.

Se tenir bien droit
Lorsque tu es en selle, imagine une ligne verticale qui relierait ton oreille, ton épaule, ta hanche et ton talon.

Bien s'asseoir dans la selle

Descends les talons et garde les pieds tournés vers l'avant, la plante reposant sur le plancher des étriers. Les mollets doivent être à l'arrière de la sangle, le dos droit, les coudes au corps et les avant-bras dans l'alignement des rênes.

En équilibre Assieds-toi bien d'aplomb, dans la partie creuse de la selle, ton poids également réparti des deux côtés.

Vérifier la selle

Pour vérifier le sanglage, penche-toi en avant et glisse deux doigts sous la sangle. S'ils passent juste, la sangle est bien ajustée. Si tu peux en glisser plus, elle doit être resserrée.

Garde les rênes dans la main droite.

Pour resserrer la sangle, avance la jambe et soulève le quartier. Tire le contre-sanglon vers le haut et guide l'ardillon de la boucle dans le trou supérieur avec le doigt.

Aller au pas

Assieds-toi bien droit et ajuste tes rênes. Presse tes mollets contre les flancs de ta monture et dis « au pas ». Dès qu'il obéit, détends un peu les rênes, mais garde le contact avec sa bouche.

Au pas !

Le pas est une allure à quatre temps, la plus lente du cheval. Chaque pied se pose au sol à tour de rôle : postérieur droit, antérieur droit, postérieur gauche, antérieur gauche. Le cheval a toujours deux pieds en contact avec le sol et dodeline légèrement de la tête. Tu dois laisser tes mains suivre ce mouvement. Marcher au pas te donne le temps de te concentrer et de donner les aides correctement.

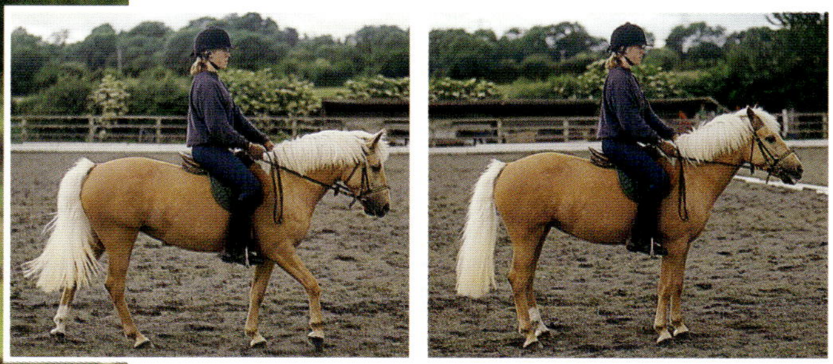

L'arrêt
À l'arrêt, ton poney doit se tenir bien d'aplomb, les quatre pieds dessinant un rectangle, prêt à avancer à ton ordre.

Du pas à l'arrêt

Assieds-toi profondément dans la selle et mets tes mollets en contact avec ses flancs pour faire un arrêt bien droit. Augmente la pression sur les rênes, mais sans tirer brusquement et dis « Ho ! ». Dès qu'il s'exécute, détends les rênes.

Le pas

Le poney doit faire des foulées régulières et énergiques. Il peut même poser ses postérieurs devant l'empreinte de ses antérieurs. On dit alors qu'il se méjuge.

Aides naturelles

Tes jambes le font avancer en créant l'impulsion dont il a besoin pour chaque mouvement.
Tes mains contrôlent cette impulsion et guident les mouvements en indiquant la direction.
Ton assiette (façon dont tu es assis et t'équilibres en selle) le pousse en avant.
Le déplacement de ton poids lui donne des instructions.
Ta voix le ralentit, prodigue les encouragements et l'avertit quand il n'obéit pas bien à un ordre.

À la western

Tu es assis avec les jambes presque tendues, les rênes dans une main. Pour tourner, déplace ta main du côté où tu veux aller pour que la rêne opposée touche son encolure. C'est la rêne d'appui.

Tourner à gauche

La jambe intérieure est près de la sangle.

La jambe extérieure est derrière la sangle.

Tourner

Pour tourner à gauche, garde ta jambe gauche (la jambe à l'intérieur de la courbe) à la sangle. Déplace la droite (la jambe extérieure) à l'arrière de la sangle et presse-la contre le flanc du poney. Écarte ta main gauche, rêne ajustée, et place la rêne droite en contact avec son encolure. Regarde où tu vas. Pour tourner à droite, inverse les aides.

Tourner à droite

Au trot !

Le trot est une allure à deux temps plus rapide que le pas. Chaque foulée complète comporte deux battues. Les pieds frappent le sol par paires diagonales : antérieur droit/postérieur gauche, puis antérieur gauche/postérieur droit. Un changement d'allure est une transition. Passer à une allure supérieure est une transition montante. Au contraire, passer du trot au pas, par exemple, est une transition descendante.

Le trot enlevé

Au premier abord, le trot te paraîtra inconfortable. Pour éviter de rebondir sur le dos du poney, il faut apprendre le trot enlevé : tu te soulèves de la selle avec une battue et tu t'assieds à la suivante. Entraîne-toi à l'arrêt.

Passer au trot
Lorsque ton poney se met à trotter, laisse tes mains suivre le mouvement de sa tête.

Passer au pas
Quand tu veux passer au pas, assieds-toi et reprends contact avec tes jambes et tes mains.

Les transitions

Pour demander au poney un départ au trot, ajuste tes rênes, donne des jambes pour le mettre en avant, puis détends un peu les rênes pour qu'il puisse avancer. Pour le faire repasser au pas, serre les jambes, oppose-toi au mouvement en avant avec tes mains (sans tirer sur les rênes).

Le trot enlevé

Pour le trot enlevé, soulève-toi un peu de la selle, puis rassieds-toi doucement, en cadence. Pour trouver la bonne cadence, il faudra t'exercer.

Le trot assis

Ton instructeur te demandera parfois de te mettre au trot assis. Il faut garder les fesses en contact avec la selle sans rebondir. Pour cela, tu dois être bien équilibré et détendre le bassin pour qu'il accompagne et amortisse au maximum les mouvements du poney.

Diagonales

Lorsque tu pratiques le trot enlevé, tu te soulèves sur une diagonale et t'assieds sur l'autre. Pour soulager ta monture, il faut alterner les diagonales. Tu dois donc savoir sur quelle diagonale tu trottes. Sur un cercle, soulève-toi lors de la battue antérieur intérieur/postérieur extérieur. Pour changer de diagonale, reste assis deux battues de suite, puis soulève-toi à la troisième. Pratique toujours les changements de diagonale, même quand tu sors en promenade. C'est un excellent exercice.

Au galop !

Le petit galop, ou canter, est une allure à trois temps : lorsque le postérieur gauche se pose en premier, puis l'antérieur gauche et le postérieur droit en même temps, et enfin l'antérieur droit, on dit que le cheval galope à droite. L'antérieur et le postérieur droits mènent. C'est le contraire au galop à gauche. Entre chaque foulée, il y a un temps de suspension où aucun pied ne touche le sol.

Le petit galop

Un cheval peut galoper sur un pied ou sur l'autre. Lorsque tu galopes sur un grand cercle, tu dois demander à ton poney de galoper sur l'antérieur intérieur, ce qui est plus facile pour lui. S'il galope sur l'antérieur extérieur, on dit qu'il galope à faux (il est sur le mauvais pied).

Du trot au galop
Trotte assis sur quelques foulées avant de demander le galop à ton poney. Reste détendu lors de la transition.

Du galop au trot
Quand ton poney se remet au trot, ne le laisse pas faire les premières foulées en se précipitant.

Les transitions

Pour demander le galop à droite, place ta jambe gauche derrière la sangle et ta jambe droite à la sangle et presse. Reprends légèrement la rêne droite et avance un peu ta hanche droite. Pour repasser au trot, assieds-toi au fond de la selle et reprends la rêne gauche.

1 Ne cherche pas à regarder sur quel pied ton poney galope. Apprends plutôt à sentir celle de ses épaules qui se porte légèrement en avant.

2 Galope assis, en contact constant avec la selle. Détends le bas de ton dos pour que ton corps accompagne le mouvement du poney.

3 Lorsque tu galopes à main droite, ton épaule et ta hanche droites doivent être légèrement en avant de ton épaule et ta hanche gauches.

Le galop désuni

Lorsqu'un cheval mène d'un antérieur et d'un postérieur opposé, on dit qu'il est désuni. Cela arrive s'il n'est pas en équilibre lors d'un changement de direction. Il ne change de pied que devant ou derrière. Le galop désuni est aussi inconfortable, pour le cavalier que pour le poney.

Le petit galop idéal

Le petit galop est une allure très agréable. Maintiens ton poney en équilibre pour que ses foulées soient égales et bien cadencées. Rectifie la vitesse et l'impulsion en utilisant ta rêne extérieure et ta jambe intérieure.

En groupe

Prendre une leçon en groupe est excellent pour apprendre à contrôler ton poney en présence de ses congénères. Laisse quelques mètres d'espace entre ton poney et celui qui te précède. Si tu es trop près, il peut se faire botter.

En tête du groupe

Si tu te trouves en tête du groupe, c'est toi qui devras exécuter le premier les transitions au moment où ton instructeur en donnera l'ordre pour que les autres puissent te suivre.

Dans le manège

Les leçons d'équitation se déroulent dans un manège couvert ou dans une carrière extérieure. Tu peux t'intégrer à un groupe ou prendre des leçons particulières. Ces cours t'apprendront beaucoup et tu t'instruiras aussi en regardant les autres cavaliers. Au fur et à mesure de tes progrès, tu prendras de l'assurance.

Changement de main

Au manège, tu travailles dans les deux sens. Le changement de direction est appelé « changement de main ». Il y a plusieurs manières de l'exécuter.

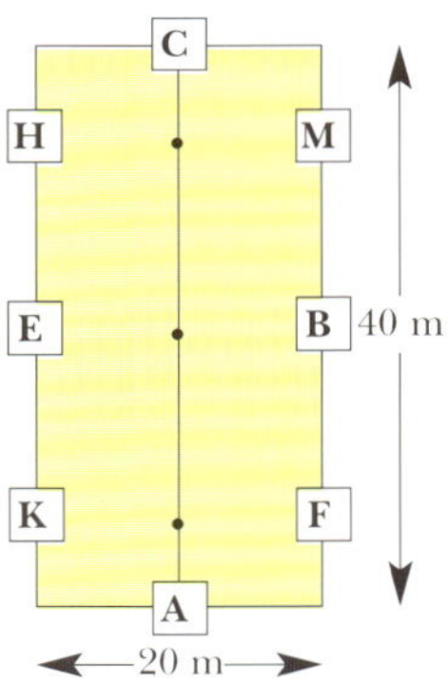

Au niveau élémentaire, le dressage se déroule dans une carrière de 40 x 20 m, balisée par des lettres.

Dans le manège

Le manège ou la carrière de dressage sont munis de lettres de repère. Les carrières olympiques en ont davantage. Tu dois connaître ces lettres pour pouvoir exécuter les mouvements que ton instructeur te demandera.

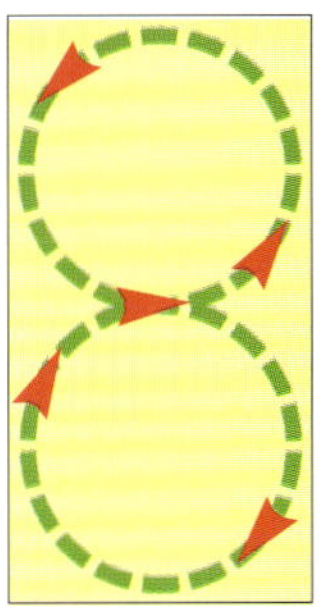

Le huit de chiffre consiste en deux cercles identiques. Cette figure demande un changement de main.

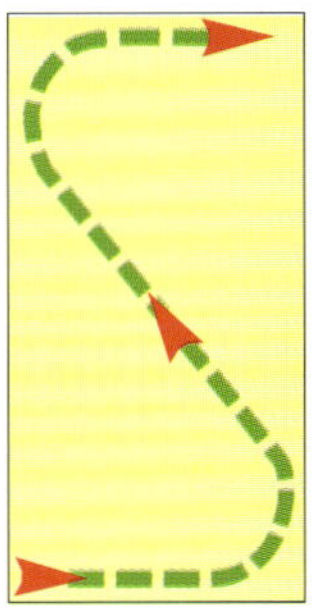

La diagonale s'exécute entre deux coins, de F à H par exemple. F à E est une petite diagonale.

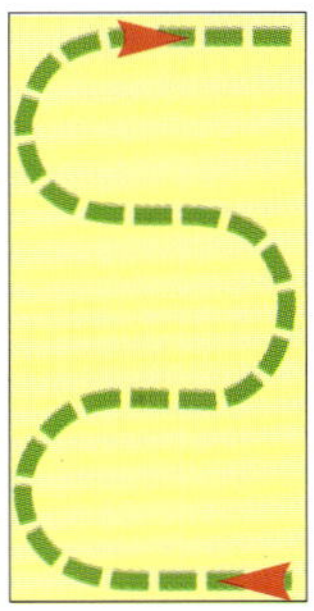

La serpentine est une suite de trois ou quatre boucles de la même taille dans la longueur du manège.

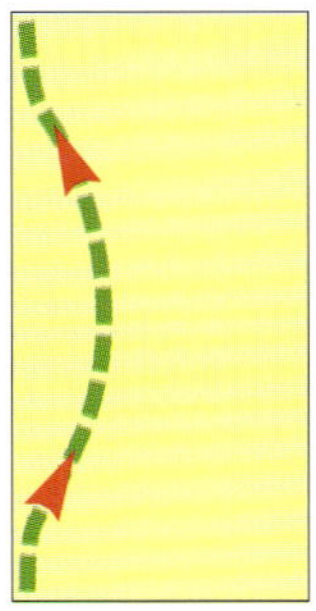

L'arc de cercle dans la longueur du manège est une courbe d'un maximum de 5 m le long du grand côté.

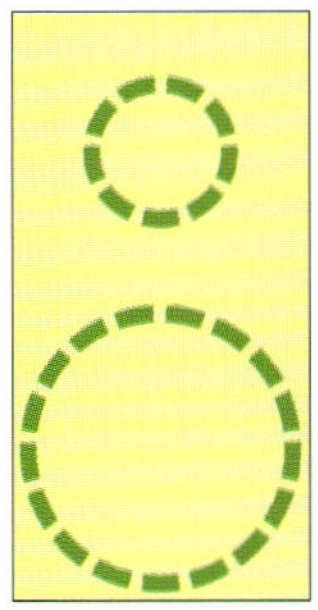

Les cercles – de 10, 15 ou 20 m – peuvent être exécutés en partant de différents points du manège.

La pratique

Durant la leçon, tu dois penser à beaucoup de choses à la fois : écouter ton instructeur tout en te concentrant sur tes aides et le contrôle de ton poney. Si tu en as la possibilité, exerce-toi entre les leçons.

Leçons particulières

Quelques leçons particulières sont idéales si tu es débutant. Tu seras seul et tu pourras te concentrer complètement sur ce que tu auras à apprendre. Cela t'aidera à progresser plus vite.

Travail individuel

L'instructeur peut demander à ses élèves de pratiquer différents exercices en même temps. Tu pourras avoir à croiser un autre poney. Tu dois toujours le faire « main gauche à main gauche ».

Leçons à la longe

Les leçons à la longe sont un bon moyen d'améliorer la stabilité de ton assiette. L'instructeur contrôle le poney à l'aide d'une longe et d'une chambrière, et toi tu peux te concentrer sur ta position à différentes allures.

Exercices en selle

Pratiquer des exercices en selle est amusant et t'aide à entretenir ta souplesse. Quand tu les auras faits plusieurs fois, tu te sentiras beaucoup plus confiant. Au début, ne fais pas d'exercices tout seul. Attends que ton instructeur soit présent pour tenir le poney.

Sans les rênes

Même si tu n'es pas rassuré au début, monter sans les rênes t'apprend à t'équilibrer en selle. Ainsi, tu seras moins tenté de tirer sur les rênes au risque de blesser la bouche du poney si les choses tournent mal.

Sans les étriers

Monter sans les étriers est le meilleur moyen d'apprendre à trotter assis. Croise les étriers sur le garrot du poney pour qu'ils ne le cognent pas. Assieds-toi au fond de la selle et laisse tes jambes pendre naturellement.

Le caveçon

Longer ton poney est une bonne manière de lui faire prendre de l'exercice si tu ne peux pas le monter ou si tu veux le détendre pour qu'il soit plus calme à monter. Fais-le marcher, trotter ou galoper aux deux mains.

Le caveçon est une sorte de licol utilisé pour longer un cheval ou un poney. La longe se fixe à un anneau pivotant situé sur la muserolle, qui évite qu'elle ne se vrille lorsque l'animal décrit des cercles.

Poney avec un caveçon

S'étirer
Tends les bras au-dessus de la tête et grandis-toi le plus possible.

Se pencher en avant
Couche-toi sur l'encolure du poney en mettant ta tête d'un côté.

Exercices d'assouplissement

Il existe de nombreux exercices d'assouplissement que tu peux pratiquer, avant la leçon, pour échauffer tes muscles. Tu peux t'étirer vers le haut, l'avant, l'arrière en t'allongeant sur la croupe du poney, ou le bas en touchant ton pied opposé.

Devant-derrière

C'est un exercice amusant à faire. Passe d'abord ta jambe droite au-dessus de l'encolure du poney pour t'asseoir de côté. Passe ensuite ta jambe gauche au-dessus de sa croupe : tu fais face à sa queue. Puis passe ta jambe droite au-dessus de la croupe, et enfin ta jambe gauche par-dessus l'encolure pour te retrouver assis correctement.

Assouplissement des chevilles

Les étriers croisés sur le garrot et tes jambes pendant naturellement, tends la pointe des pieds vers le sol, puis vers le haut, la gauche et la droite sans tourner les jambes.

Sortir en promenade

Une fois que tu te débrouilleras bien à cheval, tu pourras partir en promenade avec des amis et t'amuser. Tu affronteras toutes sortes de situations et ton poney pourra se comporter différemment. Si tu es débutant, il faudra que tu sois accompagné par un adulte compétent ou ton instructeur. Même si tu es expérimenté, informe toujours quelqu'un de ton itinéraire et de ton heure de retour.

En longe

Pour ta première promenade, si tu ne te sens pas encore capable de maîtriser ton poney en extérieur, tu pourras être tenu en longe. Un bon cavalier tiendra ton poney par une longe attachée à son mors et pourra ainsi le contrôler.

Ouvrir une barrière

Si le système d'ouverture de la barrière est simple, tu pourras l'ouvrir sans descendre de poney. Approche-le au plus près pour pouvoir atteindre le loquet. Ouvre la barrière et, si possible, tiens-la en la franchissant, car si elle se referme, elle peut cogner ton poney. Dès que tu es passé, referme-la.

Pistes cavalières

Lorsque tu te promènes sur une piste cavalière, tu ne dois pas en déborder et tu dois respecter les propriétés privées qu'elle peut traverser. Certaines portions herbeuses sont idéales pour le galop.

Passer dans l'eau

Si tu dois traverser un ruisseau ou un champ inondé, laisse ton poney prendre son temps. Les chevaux se méfient de l'eau. Avant de s'engager, ils doivent s'assurer que le fond est bien ferme.

Sur le chemin du retour

Tu peux profiter de la promenade pour trotter et galoper, mais marche pendant le dernier quart d'heure pour que ton poney puisse récupérer. Ne le ramène jamais à l'écurie essoufflé et trempé de sueur, il pourrait prendre froid.

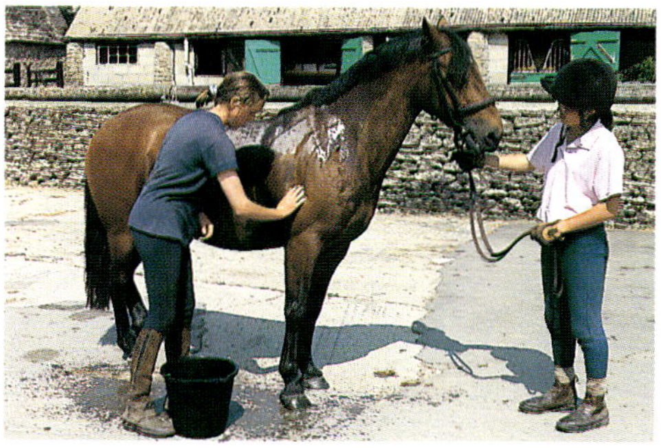

Après la promenade

S'il fait chaud, lave ton poney à l'éponge ou douche-le, puis fais-le marcher jusqu'à ce qu'il soit sec. S'il fait frais, brosse l'emplacement de la selle et les traces de boue, et assure-toi qu'il n'a pas de blessures aux membres.

À cheval sur la route

Ne t'aventure jamais seul sur une route à moins d'être sûr de pouvoir toujours contrôler ton poney. Évite les routes étroites sans accotements ainsi que celles à grande circulation. Apprends les bons signaux et le code de la route. Celui-ci s'applique à toi autant qu'aux automobilistes. Sois toujours poli avec ces derniers et remercie ceux qui ralentissent pour toi, ils le feront plus volontiers pour d'autres cavaliers.

Gilet de sécurité réfléchissant

Autant que possible, évite de te trouver à cheval la nuit sur une route. Si tu sors en hiver, par faible luminosité, porte des vêtements réflecteurs : il existe des toques de casques, des gilets et des ceintures, et pour ton poney des protège-queues, des réflecteurs à poser sur la bride et les guêtres. Tu peux fixer des lampes aux étriers.

Demander à un automobiliste de ralentir
Si ton poney, ou un autre, s'énerve à cause de la circulation, n'aie pas peur de demander au conducteur de ralentir, surtout s'il s'agit d'un véhicule bruyant. Tends ton bras extérieur et abaisse-le lentement plusieurs fois.

Jeux de main

Avertis les usagers de la route à l'avance, par des signaux clairs. Tiens bien les rênes de l'autre main pour contrôler ton poney. Si tu es avec d'autres cavaliers, restez groupés pour ne pas perturber la circulation. Les cavaliers en tête et en queue de ligne doivent faire les signaux. Si vous marchez côte à côte, ce rôle est tenu par le cavalier qui est à l'intérieur du tournant.

Arrêter la circulation
Pour demander l'arrêt de la circulation, lève ta main droite haut devant toi.

Tourner à droite
Si tu veux tourner à droite, tends le bras droit. Assure-toi que la route est dégagée avant de déboîter.

Tourner à gauche
Pour avertir que tu veux tourner à gauche, tends le bras gauche, horizontalement pour être bien compris.

Remercier
Pour remercier un automobiliste, lève la main et souris. Si tu dois tenir tes rênes des deux mains, remercie d'un signe bien visible de la tête.

Notions de dressage

Lorsque tu auras appris à bien contrôler ton cheval ou ton poney et acquis suffisamment d'assurance et de maîtrise des bases de l'équitation, tu pourras progresser en apprenant des mouvements simples de dressage. Même si tu ne fais pas de compétitions, un enseignement méthodique t'apprendra à communiquer avec ton cheval et à en obtenir le meilleur.

Sur le mors

Quand un cheval a une bonne position, bien en contact avec la main, on dit qu'il est « sur le mors ». Sa tête est presque verticale, bouche plus basse que tes mains. Tu as le maximum de contrôle sur lui avec une tension légère sur les rênes.

L'arrêt au carré

Avec du travail, le cavalier doit parvenir à arrêter son cheval bien d'aplomb : les antérieurs et les postérieurs alignés deux par deux. Le cheval doit garder cet équilibre.

Demi-tour sur les épaules

Les postérieurs se déplacent autour de l'antérieur intérieur. Pour faire un demi-tour vers la droite, tends la rêne droite et place la gauche en contact pour l'empêcher d'avancer. Presse ta jambe gauche en maintenant son arrière-main de la droite.

Épaules en dedans

Il avance latéralement. Les antérieurs, qui se croisent, sont sur une piste intérieure par rapport aux postérieurs qui avancent en ligne droite.

Le travail latéral

Dans un travail latéral, appelé aussi travail sur deux pistes, le corps du cheval est incurvé. Ses antérieurs ne se déplacent par sur la même piste que ses postérieurs. Il existe différents mouvements latéraux.

Le travers

Contre une barrière de guidage. Les postérieurs suivent une piste intérieure, le corps est incurvé vers l'extérieur du manège.

Cession à la jambe

Le cheval cède à la pression de ta jambe. Il reste droit, mais se déplace de côté.

Monter en amazone

En amazone, la cavalière est assise les deux jambes du même côté. La droite se cale sur un pommeau fixe, la gauche repose sous un pommeau mobile, le pied dans l'étrier. La sangle et renforcée par une courroie d'équilibre. Spécialement entraîné, le cheval doit apprendre à réagir à la cravache qui remplace l'action de la jambe droite.

Le galop à faux

Au galop, le cheval mène naturellement avec ses membres intérieurs. Dans le galop à faux, il mène avec ses membres extérieurs. C'est un exercice difficile, qui requiert un équilibre parfait de la part de l'animal.

Le dressage avancé

Dans une reprise de dressage de haut niveau, le cheval semble accomplir des mouvements compliqués sans effort apparent et le cavalier donner des aides presque invisibles. Il te faudra beaucoup de persévérance avant de pouvoir bien réaliser de telles figures. Souviens-toi qu'à ton âge les grands cavaliers n'étaient pas des champions. Ils ont travaillé dur pendant des années.

L'art de la haute école

L'École espagnole

La haute école est l'art classique de l'équitation. Elle se pratique à l'École espagnole de Vienne (Autriche) et au Cadre noir de Saumur. Les cavaliers exécutent des figures compliquées, basées sur les mouvements naturels des chevaux. Ce cheval fait une levade : il soulève son avant-main en fléchissant ses postérieurs.

Demi-tour sur les hanches

Le cheval pivote autour de son postérieur intérieur, qui doit rester fixe. Ses autres membres se déplacent dans le même ordre que s'il avançait.

Rassembler et allonger

Rassembler revient à raccourcir les lignes du cheval. Les foulées sont plus courtes et plus élevées et l'allure est plus lente. L'inverse est allonger. Le cheval étend la tête et l'encolure, fait des foulées plus longues et plus rasantes et accroît sa vitesse.

Pas rassemblé et pas allongé
Ce cheval passe du pas rassemblé au pas moyen, puis au pas allongé en développant progressivement ses foulées et en étirant la tête et l'encolure.

Pas rassemblé

Trot rassemblé
L'allure du cheval est régulière et rassemblée, mais il garde son impulsion. Sa tête et son encolure sont relevées et son arrière-train paraît plus bas.

Trot allongé
Le cheval trotte plus rapidement, avec des foulées plus longues. En allongeant son trot, il projette ses antérieurs loin en avant.

Changement de pied en l'air

Au galop, un cheval exécute un « changement de pied en l'air » quand il change son bipède meneur durant le temps de suspension. C'est un mouvement difficile. Un très bon cavalier doit pouvoir obtenir de son cheval un changement de pied en l'air à chaque foulée.

L'appuyer

Dans ce mouvement, le cheval se déplace latéralement sur deux pistes. Il croise ses pieds extérieurs devant ceux de l'intérieur et courbe la tête dans la direction de son déplacement. Ce cheval (à droite), avance vers la gauche.

En l'air
Ce cheval vient de changer de pied en l'air. Il mène maintenant sur l'antérieur droit.

Pas rassemblé/moyen

Pas moyen

Pas allongé

Pas libre sur rênes longues

Le galop rassemblé
C'est une allure lente et relevée. Le cheval doit être souple et détendu et le cavalier bien assis dans la selle pour accompagner le mouvement.

Le galop allongé
Le cheval étend l'encolure et allonge ses foulées pour couvrir le plus possible de terrain. Le centre de gravité du cheval et celui du cavalier vont vers l'avant.

Le plaisir de la vitesse

Galoper à pleine vitesse est aussi excitant pour le cheval que pour le cavalier, mais ne t'y risque que lorsque tu contrôleras parfaitement ton poney. Choisis le bon endroit : une belle prairie, assez grande, terminée par une côte, ton poney ralentira plus volontiers dans une montée ! Ne va jamais au grand galop en terrain accidenté ou fermé, trop près ou vers d'autres chevaux.

Se mettre en suspension

Au grand galop, tu dois te mettre en suspension : te pencher en avant pour que ton poids soit supporté par tes genoux et tes pieds et décoller les fesses de la selle en restant en équilibre dans les étriers. Exerce-toi d'abord à l'arrêt.

Demander le grand galop

Demande un galop bien soutenu à ton poney, puis mets-toi en suspension. Fais-le accélérer en donnant des jambes jusqu'à ce qu'il passe au grand galop. Garde le contact avec sa bouche grâce aux rênes.

Le grand galop

Le grand galop, allure à quatre temps, est la plus rapide. Chaque pied frappe le sol séparément. Si le cheval mène de l'antérieur gauche, la séquence est : postérieur droit, postérieur gauche, antérieur droit et antérieur gauche.

Position du corps
Lorsque tu te mets en avant, garde la tête levée et regarde où tu vas.

Temps de suspension
Au galop, il y a un temps où aucun pied du cheval ne touche le sol.

Ralentir

Les chevaux adorent galoper et certains peuvent être difficiles à arrêter. Pour ralentir, garde les jambes en contact avec l'animal et redresse-toi. Résiste avec les rênes jusqu'à ce que ton poney obéisse.

Plus vite que le vent

La vitesse d'un poney au grand galop est d'environ 24 km/h. Cela peut sembler lent, mais avec le vent qui siffle à tes oreilles, l'impression de vitesse est garantie ! Le Pur-sang, le cheval le plus rapide du monde, galope à 50 km/h environ, mais le record en course est de 69,2 km/h sur 400 m.

Le saut d'obstacles

L orsque tu auras acquis une bonne assiette en selle et un peu d'expérience, tu pourras apprendre à sauter. Le saut comprend cinq étapes : l'approche, l'appel, l'enlevé, le plané et la réception. Pour sauter, le poney étend la tête et l'encolure. Tu dois donc te mettre en suspension en avant pour l'accompagner.

Les barres au sol

Enjamber des barres au sol, au pas ou au trot, t'apprend, ainsi qu'à ton poney, à développer équilibre et cadence. Cela vous montre comment approcher un obstacle avec assurance et vous aide à apprécier les distances.

Garde la tête levée et regarde devant toi.

Laisse le poney allonger son encolure.

Il doit faire des foulées régulières…

… et soulever ses pieds au-dessus des barres.

Entre les ailes de l'obstacle

Pour t'habituer, passe au trot entre les ailes d'un obstacle sans barre en adoptant la position en avant. En raccourcissant tes étrivières, tu auras un meilleur équilibre. Recommence l'exercice avec une barre au sol entre les ailes.

Quelques conseils

Pousse toujours ton poney en avant avec assurance. Si tu hésites, il le sentira.

Planifie soigneusement ton approche pour aborder l'obstacle bien en face.

Ne panique pas si les choses tournent mal. Demande-toi pourquoi et tâche de faire mieux la fois suivante.

Un refus

Le premier saut

Pour sauter, garde le contact des rênes. Penche-toi en avant pour l'enlevé et ne regarde pas au sol. Rassieds-toi dans la selle à la réception. Garde les talons baissés. Pour ne pas tirer sur la bouche du poney, agrippe-toi à la crinière ou à un collier.

Un saut plus large

Lorsque tu franchiras avec assurance les obstacles droits, tu pourras tenter les larges. Sauter des obstacles bas, mais plus larges, permet de progresser. Ton poney va accroître son amplitude pour les franchir.

Haut niveau

À droite : Sheila Burke et Genius 79 (États-Unis, 1998). Pour franchir d'énormes obstacles, le cheval doit s'étirer au maximum. Peu de chevaux et de cavaliers sont capables d'un tel exploit.

Toujours plus haut

Si tu veux vraiment progresser à l'obstacle, tu vas devoir passer beaucoup de temps à travailler ton cheval ou ton poney. Il faudra le faire sauter, mais aussi l'entraîner sur le plat. Le travail sur le plat est important pour le garder souple et obéissant. Il doit être « aux ordres », ne pas se précipiter sur les obstacles ou prendre son appel au mauvais moment. Lorsque tu sautes, pour t'entraîner ou en compétition, tu dois entretenir l'impulsion de ton cheval avec tes jambes et ton assiette pour qu'il comprenne ce que tu attends de lui.

Évaluer les foulées

Lorsque tu abordes un obstacle, tu dois contrôler l'amplitude des foulées de ton cheval et évaluer combien il doit en faire avant l'appel. Trop près de l'obstacle, il ne pourra pas le franchir ; trop loin, il heurtera la barre.

Les rivières

Une rivière est un large fossé rempli d'eau, précédé d'un obstacle bas. Il faut que le cheval la franchisse sans mettre un pied dans l'eau. Ci-dessus, franchissement d'une rivière à Hickstead (Angleterre).

Obstacle double

Combinaison de 4 obstacles

Combinaison

Une combinaison est constituée de deux ou plusieurs obstacles rapprochés. Si le cheval refuse l'un des éléments, il doit les franchir tous à nouveau. Le nombre de foulées entre chaque obstacle de la combinaison varie.

Comment s'occuper d'un poney

Pendant tes vacances à la campagne ou dans ton centre équestre, tu apprendras à t'occuper d'un poney ou d'un cheval. S'il est à l'écurie, tu auras plus de travail et, s'il est au pré, il faudra également t'en occuper correctement. Tu le verras, ce n'est que du plaisir et du bonheur.

Le poney passe en premier
Peu importe que tu sois fatigué ou que tu aies faim, quand tu rentres de promenade, tu dois toujours t'occuper de ton poney en premier.

Un travail routinier
La plupart des corvées d'écurie consistent à manipuler de lourdes charges : seaux d'eau, bottes de foin et nettoyage de la litière. Pour éviter de te blesser, apprends à faire les bons mouvements.

Une belle pâture

De nombreux chevaux vivent au pré toute l'année, d'autres une partie seulement. Vivre à l'extérieur leur est plus naturel et cela entraîne aussi moins de travail. Le pré doit disposer de certains aménagements : clôtures correctes, point d'eau propre, ombre et abri contre les intempéries. Il ne doit pas contenir d'objets dangereux, comme du fil de fer barbelé, et il faut en éliminer les plantes toxiques.

L'eau et les clôtures

Les clôtures en bois sont idéales, mais elles sont chères. Mieux vaut opter pour des rubans électriques, faciles à installer. Les fils de fer barbelés sont très dangereux et causent d'horribles blessures. Nettoyé régulièrement, un abreuvoir automatique est ce qui existe de plus pratique.

L'abri de prairie

Pour protéger les chevaux des intempéries, l'abri doit être construit dos aux vents dominants. Ils l'utiliseront aussi l'été pour se protéger des insectes et apprécieront d'y avoir une pierre à sel attachée à un poteau.

À l'extérieur

Les chevaux sauvages se déplacent pour trouver leur nourriture. Les chevaux domestiques n'ont que ce qu'ils trouvent dans leur pré. S'ils sont trop nombreux, ils n'auront pas assez d'herbe. Il faut compter un hectare pour un cheval ou deux poneys.

Ramasser les crottins

Il est important de ramasser régulièrement les crottins dans le pré, surtout s'il n'est pas très grand et accueille plusieurs animaux. Ils sont néfastes pour l'herbe et favorisent la prolifération des parasites intestinaux.

L'entretien du pré

Les prés où pâturent des chevaux ont besoin d'entretien. Il faut les faucher pour les débarrasser des mauvaises herbes et de l'herbe sèche, herser le sol pour l'aérer et passer le rouleau au printemps pour le niveler. Dans l'idéal, il faudrait même y laisser paître des vaches ou des moutons périodiquement.

Plantes toxiques

Ingérées en grandes quantités, de nombreuses plantes sont toxiques. Certaines sont même mortelles à faible dose. L'une des plus courantes et des plus dangereuses est le séneçon jacobée. Cette grande plante aux feuilles très découpées et aux fleurs jaunes, en bouquet, semblables à de petites marguerites, doit être brûlée. Il faut l'arracher et mettre du sel sur le reste des racines pour la détruire.

Le rhododendron peut être mortel pour les animaux.

L'if est mortel, même à faible dose.

Le séneçon jacobée doit être arraché et brûlé.

La digitale est mortelle, mais elle est rarement consommée.

Faiblement toxique fraîche, **la renoncule** n'est pas nocive séchée dans le foin.

En grande quantité, **les glands** sont toxiques.

La ciguë contient un poison mortel.

La fougère est toxique, mais les poneys l'apprécient.

La prêle est toxique, fraîche ou sèche.

Toutes les parties du **cytise** sont très toxiques.

Le laurier est mortel, il contient du cyanure.

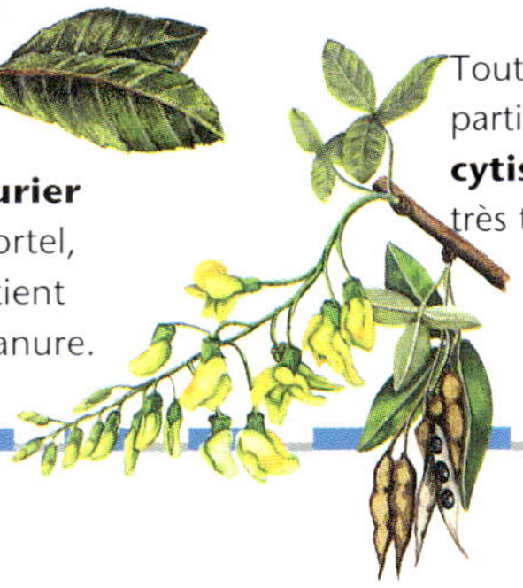

Un poney au pré

Un poney doit avoir de la visite tous les jours. Même s'il n'est pas monté, il faut s'assurer qu'il va bien au moins une fois dans la journée. En hiver, sa couverture est à vérifier, à ôter ou à remettre selon la température. Il faut faire le tour des clôtures, vérifier que la barrière est bien fermée et que rien de dangereux ne traîne par terre.

1 Approche le cheval par devant, en tenant une friandise dans la main pour qu'il puisse la voir.

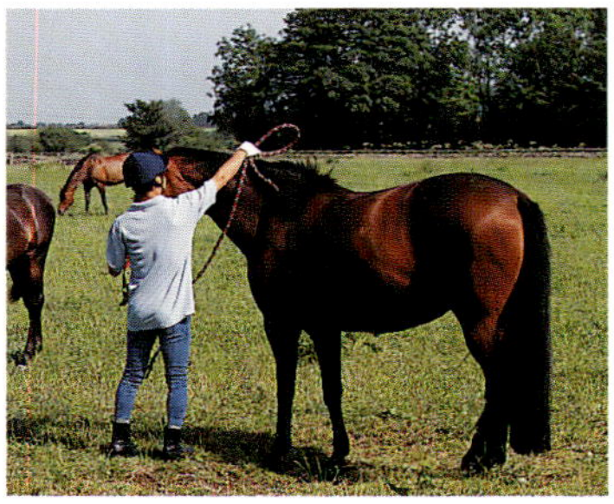

2 Pendant qu'il mange la friandise, passe-lui la longe autour du cou, au cas où il voudrait se sauver.

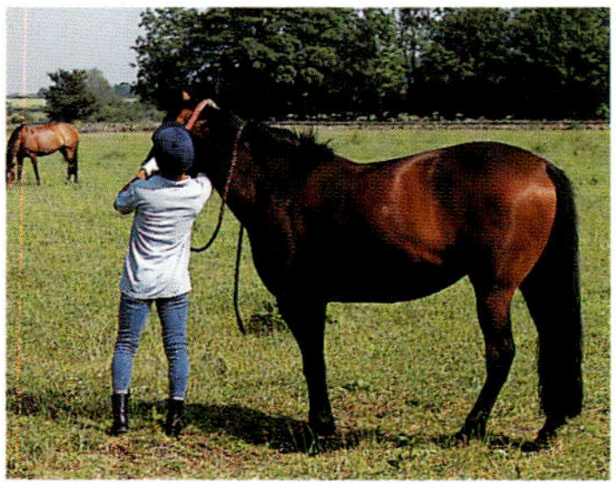

3 Glisse ensuite son nez dans le licol, passe la têtière derrière ses oreilles et boucle-la du côté gauche.

4 Mène-le d'un pas décidé, une main près de sa tête et l'autre à l'extrémité de la longe.

Attraper un poney

Certains poneys sont plus faciles à attraper que d'autres. Si le tien est méfiant, apporte-lui une friandise, que tu veuilles l'attraper ou non. Ne le pourchasse jamais, attends qu'il vienne à toi.

Libérer un poney au pré

Fais rentrer le poney dans le pré ; referme la barrière et avance de quelques pas. Ôte le licol doucement et caresse-le avant de t'éloigner. Ne le fais jamais partir au galop en agitant les bras.

Si l'eau gèle

S'il gèle, il faut parfois briser la glace de l'abreuvoir plusieurs fois par jour. Garde une pierre à proximité pour cet usage. Ajoute de l'eau chaude pour éviter que la glace ne se reforme trop vite.

L'alimentation en hiver

En hiver, l'herbe est rare. Les chevaux qui restent au pré ont besoin de foin, mais aussi d'un aliment concentré pour compléter l'herbe. La ration dépend du travail de chaque animal, de son âge et de sa condition physique.

Vive le grand air

Le froid ne gêne pas les chevaux, mais ils n'aiment ni la pluie ni le vent. Si le poney est tondu, il devra porter une couverture de pré imperméable. Celles-ci sont souvent munies d'attaches sûres permettant aux chevaux de s'ébattre librement.

Une écurie bien organisée

Observe le poney ou le cheval dans son écurie. Un box de 3 m x 3 m suffit pour un poney, un cheval a besoin de plus d'espace. L'écurie peut être construite spécialement, mais un autre bâtiment peut également être transformé et équipé de portes à battants pour que la partie supérieure puisse rester ouverte. Les chevaux sont curieux et ils aiment regarder ce qui se passe à l'extérieur. L'activité de la cour leur apporte un peu de distraction lorsqu'ils sont enfermés.

Les jouets

Enfermés des heures durant, les chevaux s'ennuient. Tu peux leur offrir des jouets spéciaux, comme un ballon, pour les distraire. Attache une friandise ou une pierre à sel à une corde ou bien enduis le ballon de mélasse.

L'organisation

Un cheval à l'écurie nécessite des soins plusieurs fois par jour. Il doit être nourri, approvisionné en foin, en eau, et son box doit être nettoyé – même s'il n'est pas monté. Il doit aussi pouvoir se détendre au pré chaque jour. Tout cela prend beaucoup de temps que le palefrenier ou le propriétaire doivent intégrer dans leur emploi du temps. Il leur faut réfléchir à une organisation réaliste car les chevaux ont besoin d'avoir des horaires fixes.

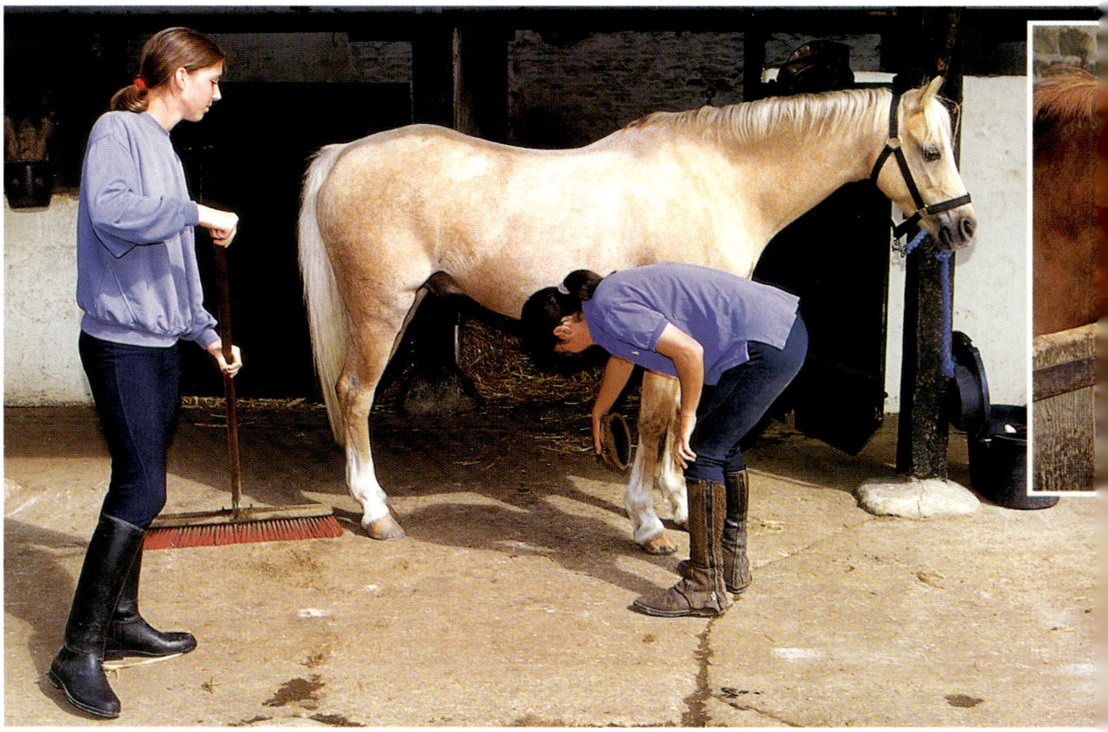

Dans un centre équestre, Tu peux aider le palefrenier et apprendre à t'occuper toi-même des poneys ou des chevaux. Le partage des tâches peut être une bonne solution, à condition de bien définir qui fait quoi et quand.

L'écurie américaine
C'est une grande grange avec des boxes spacieux placés de chaque côté d'une allée centrale. Les chevaux peuvent se voir et assister à tout ce qui se passe.

L'écurie idéale

L'écurie idéale est claire et aérée, située dans un endroit d'où les chevaux peuvent voir les allées et venues des gens et des autres animaux. Elle doit être étanche et sans courant d'air, mais bien ventilée.

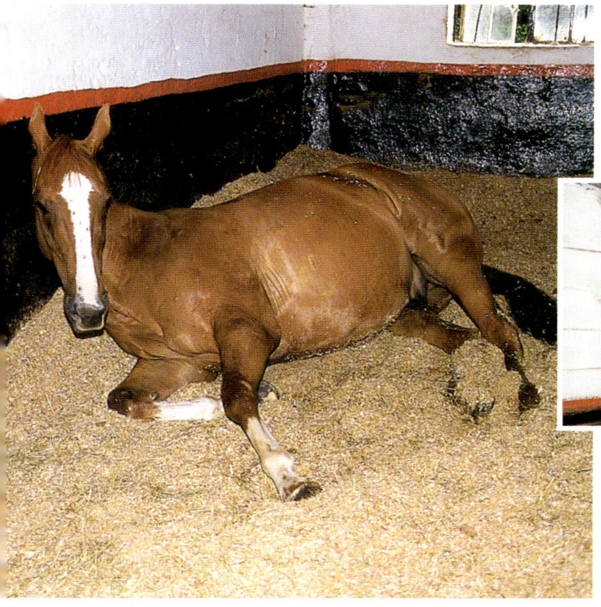

Le box
Le cheval aura suffisamment de place pour se coucher. Le sol ne doit pas être glissant.

La ventilation
Les fenêtres doivent être protégées par des grilles et s'ouvrir en basculant pour laisser rentrer l'air, mais pas la pluie.

L'équipement

Toutes sortes d'équipements peuvent être installés dans l'écurie pour faciliter la vie du palefrenier et celle du poney ou du cheval, comme une mangeoire, un râtelier à foin et un abreuvoir automatique. Si l'animal mordille le bois du haut de sa porte, on peut le recouvrir d'une plaque métallique.

Les chevaux possèdent une horloge interne très efficace et connaissent parfaitement l'heure de leurs repas. Il faut bien fixer les horaires et s'y tenir en toutes circonstances, week-ends et vacances compris.

Le crochet
Un crochet mural maintient la porte ouverte.

L'éclairage
La lampe doit être protégée, et installée hors d'atteinte du cheval.

Le verrou
Il faut le placer à l'extérieur pour que le cheval ne puisse pas l'ouvrir.

Le loquet
Fixé au bas de la porte, ce loquet s'ouvre avec le pied, ce qui est très pratique quand on est chargé.

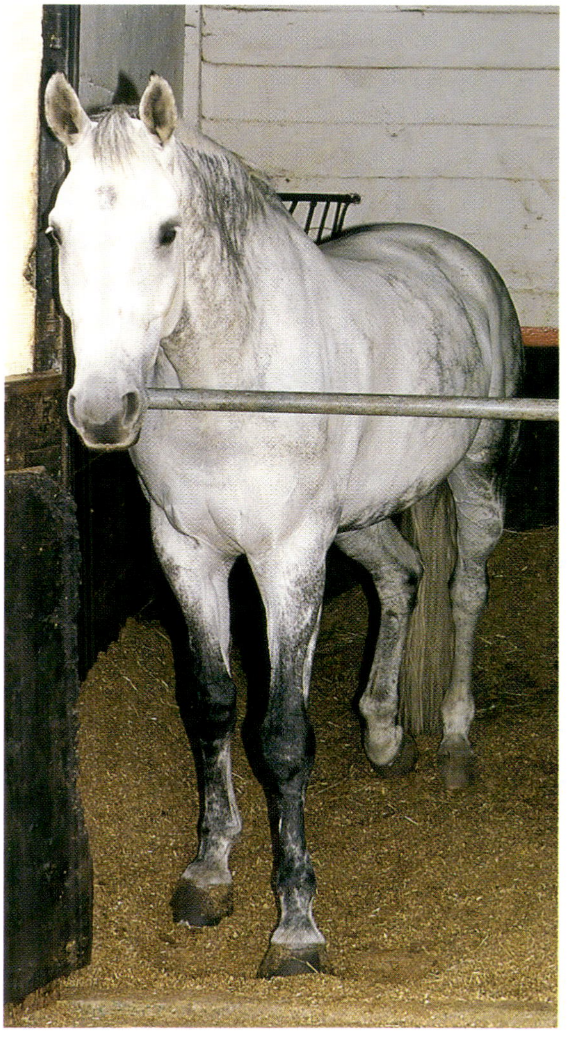

La barre de porte
Une barre en travers de l'ouverture du box suffit souvent à empêcher le poney de sortir. La plupart ne tentent pas de passer en dessous.

Un box propre

Le box d'un poney doit toujours être propre. Il faut enlever les crottins et le curer à fond tous les jours. Si le poney n'y séjourne pas dans la journée, on peut laisser le sol nu après le nettoyage pour qu'il sèche, mais il faudra remettre de la litière avant de le rentrer pour la nuit. Certains, pour gagner du temps, étendent de la litière propre tous les jours, mais ne curent le box qu'une fois par semaine, ce qui provoque des odeurs et l'inconfort des chevaux.

Les outils

Pour nettoyer un box, il faut un seau, une fourche, un balai, une pelle et une brouette. Il existe des fourches adaptées aux différents types de litière. On utilise une fourche à quatre dents pour la paille, une fourche à copeaux (aux dents multiples) pour la litière en copeaux.

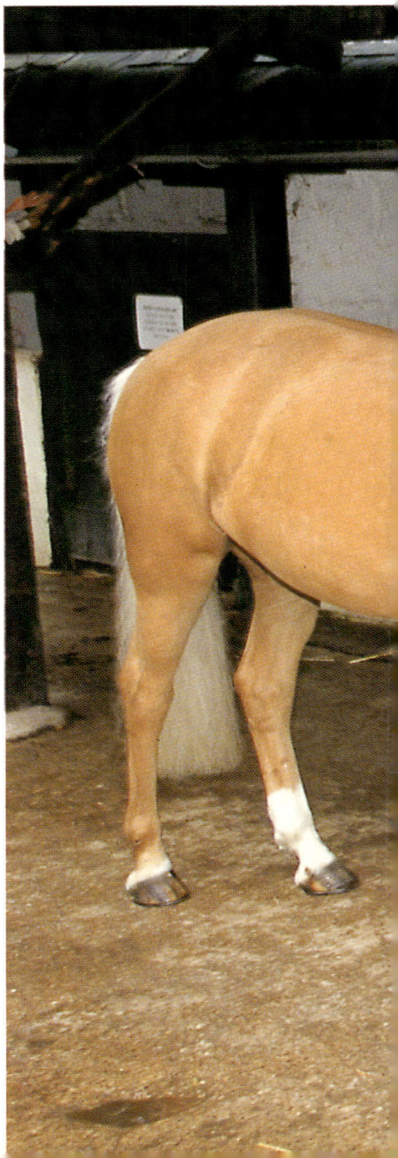

Comment nettoyer un box

Pour curer un box à fond, il faut enlever toute la litière souillée et tous les crottins. Le mieux est de le faire lorsque le poney est dehors ; on peut alors laisser le sol sécher avant de remettre de la litière propre.

1 Ramasse d'abord tous les crottins. Puis, à l'aide d'une fourche, empile la paille propre contre les murs ; elle sera réutilisée plus tard.

2 Avec la fourche, charge dans une brouette la paille souillée et les crottins qui y sont mélangés. Ils seront vidés sur le tas de fumier.

3 À l'aide d'un balai bien raide, fais un tas de la saleté restante ; utilise une pelle pour la mettre dans la brouette.

La paille
Elle est confortable, mais les chevaux la mangent. Certains sont allergiques aux spores des moisissures qu'elle contient et toussent.

Le tapis en caoutchouc
Il peut s'utiliser pour les chevaux allergiques à la poussière. Il faut le recouvrir d'une couche de copeaux.

Les copeaux
Plus chers que la paille, les copeaux sont recommandés pour les chevaux allergiques à la paille. Ils sont longs à se décomposer.

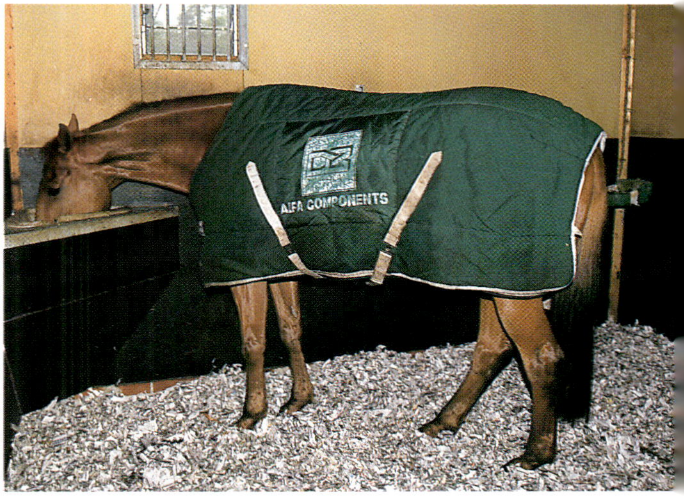

Le papier déchiqueté
Faite à partir de vieux journaux, c'est une litière chaude, non poussiéreuse et bon marché. Mais elle se détrempe et devient difficile à manipuler.

Les types de litière

Les chevaux ont besoin d'avoir une litière propre dans leur box pour se coucher. Cela leur évite aussi de s'abîmer les pieds en se tenant debout sur un sol dur. Il en existe plusieurs types. Il faut choisir celle qui convient le mieux au poney.

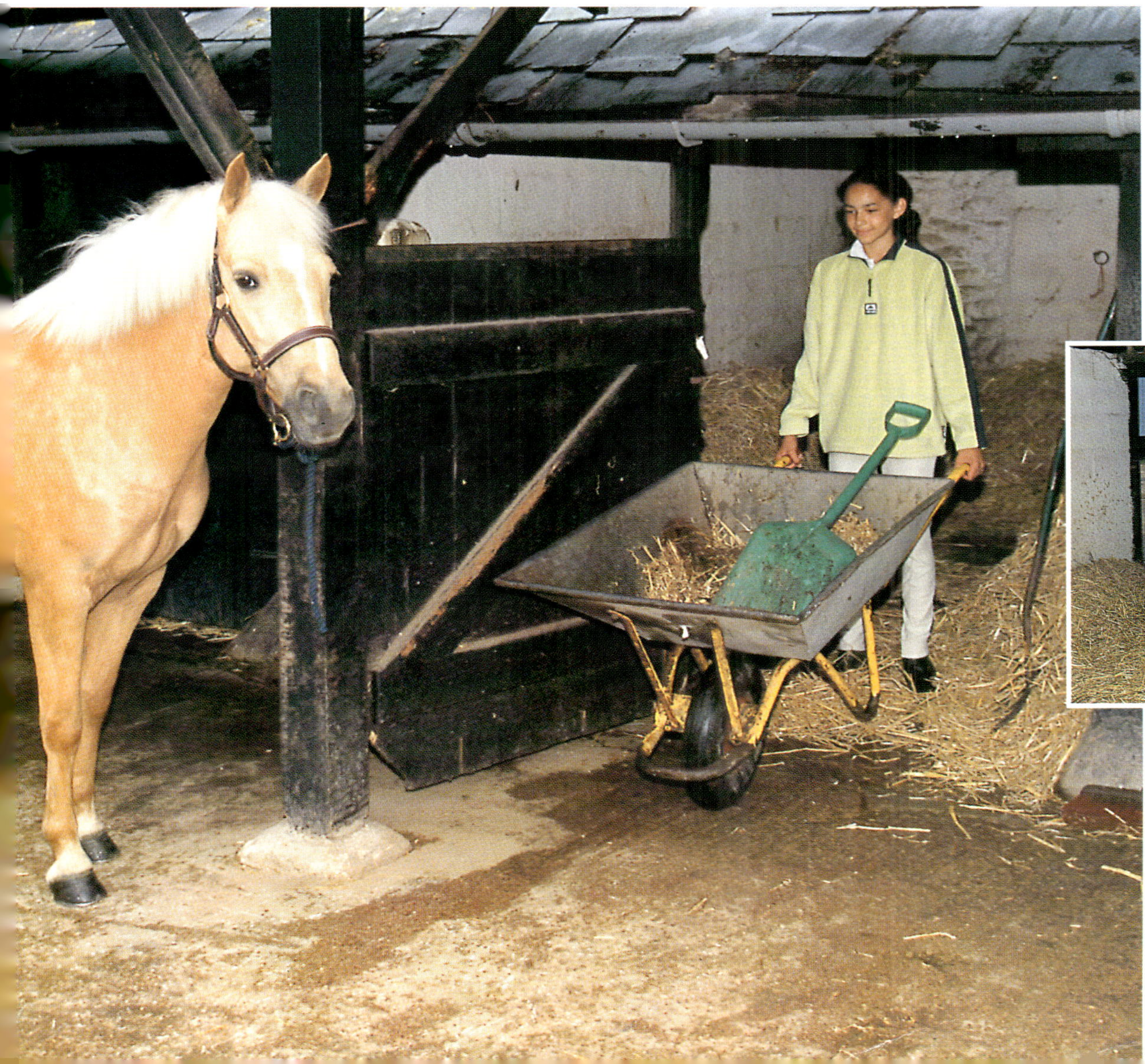

4 Vide le contenu de la brouette sur le tas de fumier. Il doit être bien empilé pour se décomposer plus facilement.

5 Remets la paille propre et étale de la paille neuve au-dessus, en plus grosse épaisseur sur les côtés.

Une alimentation équilibrée

L'herbe est l'aliment naturel des chevaux, mais elle est peu nourrissante et ils doivent en manger de grandes quantités. Si le poney travaille, il faudra lui donner un complément en foin et un aliment concentré. Mais attention, une alimentation trop riche peut aussi le rendre malade ou l'exciter.

Les granulés de sucre de betterave doivent être trempés.

Le son est riche en fibres.

Les mélanges floconnés sont équilibrés.

L'herbe sous vide n'est pas poussiéreuse.

Pulpe de betterave, prête à l'emploi

L'orge aplatie est très digeste.

Les granulés sont pratiques.

La paille hachée est mélangée à d'autres aliments.

Fruits et racines

Les pommes et les carottes sont les friandises les plus appréciées des chevaux, mais il faut les couper. Coupe les carottes dans le sens de la longueur et les pommes en tranches pour que le poney ne s'étrangle pas en les avalant.

Types d'aliments

Tu peux apprendre à composer toi-même la ration d'un poney, mais le plus simple est de choisir un aliment composé tout prêt, facile à distribuer et équilibré. Ne jamais lui donner d'herbe tondue, il pourrait avoir des coliques.

Friandises

Tous les chevaux adorent les friandises – pommes, carottes ou friandises achetées dans le commerce. Il faut les donner en récompense. Si on les distribue à tort et à travers, le poney en réclamera tout le temps et pourra même pincer pour les obtenir.

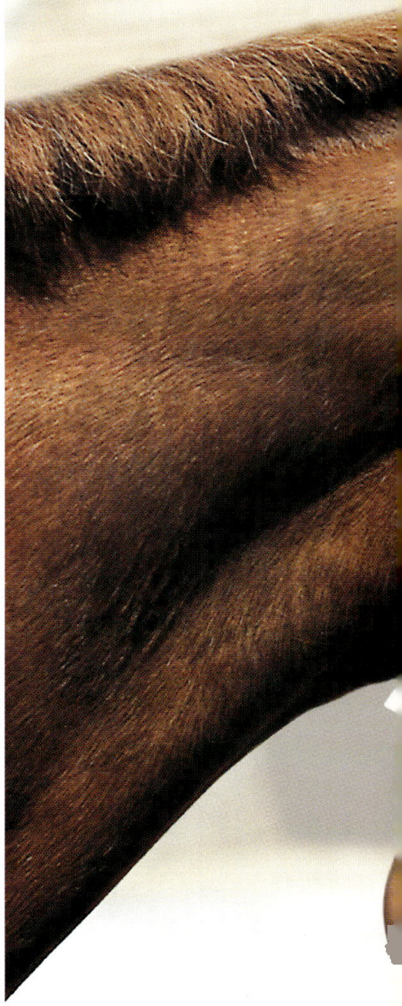

Quelques règles

Distribuer la nourriture en petites quantités et souvent. Les chevaux ont un petit estomac.

Calculer sa ration en fonction de son travail quotidien.

Donner essentiellement des aliments fibreux, comme le foin et l'herbe.

S'assurer qu'il dispose toujours d'eau propre.

Ne jamais lui donner un aliment périmé ou du foin moisi.

Le nourrir à heures régulières et garder sa mangeoire propre.

Ne pas tenter d'évaluer sa ration, la peser.

Ne pas le nourrir juste avant ou juste après le travail.

Tremper le foin

Certains chevaux sont allergiques à la poussière et aux spores des moisissures du foin. Atteints d'une sorte d'asthme, ils toussent, s'essoufflent vite et leurs performances s'en trouvent diminuées. Pour assainir le foin, il faut le faire tremper dans l'eau – une poubelle en plastique fera l'affaire – et bien l'égoutter avant de le donner.

Suspendre un filet à foin

Donner le foin dans un filet est mieux que de le mettre en vrac par terre. Ainsi, le cheval ne le piétine pas et n'en gâche pas. Il faut peser un filet plein pour savoir combien on donne de nourriture à un poney avant de le suspendre assez haut pour qu'il ne s'y prenne pas les pieds, mais pas trop pour que les graines ne lui tombent pas dans les yeux.

1 Ouvre largement le filet pour le remplir plus facilement. Fais-toi aider par un ami ou si tu es seul, aide-toi avec le pied pour maintenir le filet ouvert.

2 Pour suspendre le filet, passe la corde dans l'anneau mural et tire. Il peut être lourd, aussi soutiens-le par-dessous.

3 Passe la corde à travers le fond du filet et monte-le aussi haut que possible. Fixe-le avec un nœud qui soit facile à défaire.

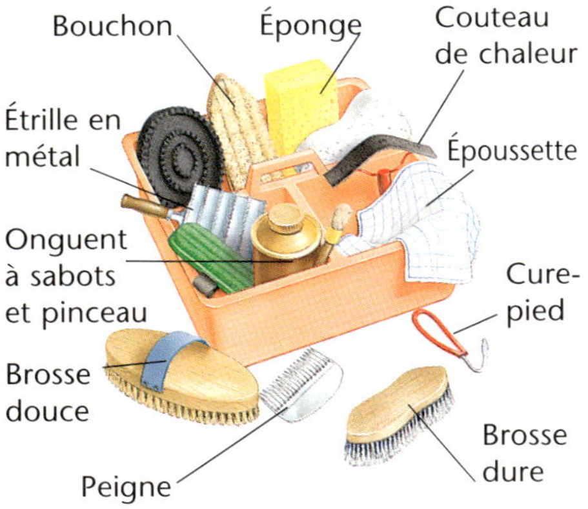

Kit de pansage

Il existe de nombreux instruments de pansage qu'on peut acheter, mais on n'en aura réellement besoin que de certains. Il faut les ranger dans une boîte et ne les utiliser que sur un seul poney. Partagés, ils peuvent répandre des maladies de peau.

Pansage et soins quotidiens

Un poney à l'écurie doit être pansé chaque jour. C'est un travail contraignant, mais indispensable pour tonifier ses muscles et garder sa robe propre. Si un poney vit dehors, il aura besoin de moins de soins : il faut brosser la boue séchée, démêler sa crinière et sa queue, et curer ses pieds avant et après le travail. Ne pas enlever la graisse de son poil car elle le rend imperméable et lui tient chaud.

1 Soulève le pied et maintiens-le d'une main. Gratte la saleté à l'aide du cure-pied, en allant du talon vers la pince.

2 Brosse sa crinière avec la brosse douce, en la démêlant avec les doigts. Commence en haut et brosse-le par petites sections.

3 Brosse sa robe avec la brosse douce, dans le sens du poil. Frotte la brosse contre l'étrille pour la nettoyer.

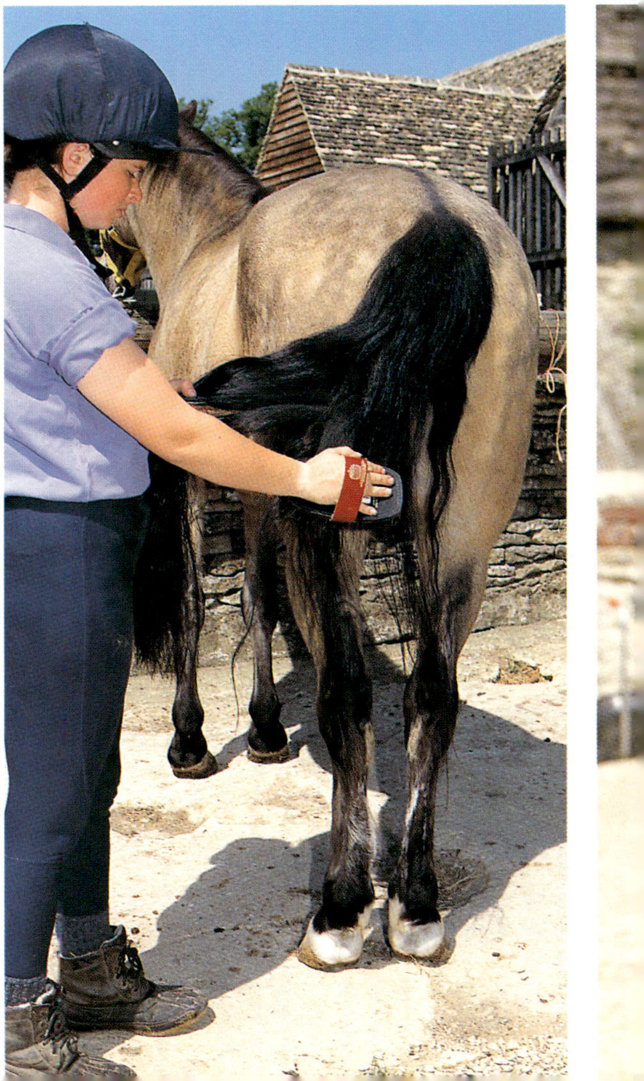

4 Démêle la queue avec la brosse douce et les doigts. Mets-toi sur le côté, tiens la queue d'une main et brosse les crins mèche par mèche.

Pansage

Il faut panser un poney après l'exercice, lorsqu'il a chaud et que les pores de sa peau sont ouverts. Sers-toi d'une brosse dure ou d'une étrille en caoutchouc pour la boue séchée et d'une brosse douce pour la poussière et la graisse.

Laver un poney

Ne doucher un poney que par temps chaud et ensoleillé pour qu'il n'attrape pas froid. Si le temps n'est pas idéal, on peut néanmoins lui laver la queue, la crinière et les balzanes, s'il en a. Attention de ne pas lui mettre de shampooing dans les yeux et bien rincer.

Laver la queue
Sers-toi d'un seau d'eau pour lui laver la queue. Trempe la queue dans le seau, shampooine-la et rince-la jusqu'à ce qu'elle soit parfaitement propre.

La douche
Shampooine le poney avec une éponge et de l'eau tiède. Rince-le au jet et enlève l'eau de sa robe avec le couteau de chaleur.

5 Pour toiletter sa tête, retire le licol et boucle-le autour de son encolure. Brosse avec soin avec une brosse douce.

6 Nettoie ses yeux et ses naseaux avec une éponge. Avec une autre éponge, lave la région sous la queue.

Quelques conseils

Utiliser l'étrille métallique tous les trois coups de brosse pour ne pas resalir le poil.

Nettoyage de la brosse douce

Coiffer et aplatir les crins (crinière et queue) avec le bouchon humidifié.

Faire briller sa robe en passant l'époussette sur tout son corps, dans le sens du poil.

Badigeonner ses sabots, propres et secs, avec de l'onguent en se servant d'un pinceau.

Graisser les sabots

Tonte et couvertures

L'hiver, les chevaux se couvrent d'un poil long et épais qui leur tient chaud. S'ils fournissent un travail intensif, ils transpirent beaucoup et sèchent mal. Pour éviter cet inconvénient, ils sont souvent tondus. Il existe différents types de tonte (on dit aussi tondage). Au repos, au pré ou à l'écurie, les chevaux tondus doivent porter une couverture pour compenser la perte de leur poil d'hiver.

Tonte intégrale « bandit »
Le cheval est tondu intégralement, sauf sur la partie supérieure de la tête, pour le protéger de la pluie.

Tonte en bavette
Seuls les poils de la tête, de la partie inférieure de l'encolure, du poitrail et des épaules sont tondus.

Tonte en manteau
Une « couverture » sur le dos, l'arrière-train et les membres sont laissés intacts. Le reste est tondu.

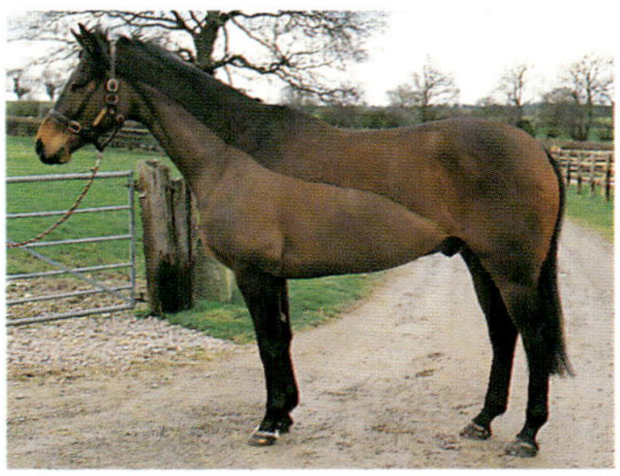

Tonte de steeple-chase
La ligne de tonte va des oreilles aux grassets. Cette tonte est destinée aux chevaux de steeple-chase.

Tonte de chasse
La zone de la selle et les membres ne sont pas tondus pour éviter les blessures et les épines.

Types de tonte

Un cheval peut être tondu intégralement ou seulement en partie. Le type de tonte dépend du cheval et de son travail. L'important est de tondre le poil dans les régions où le cheval transpire le plus.

Tonte

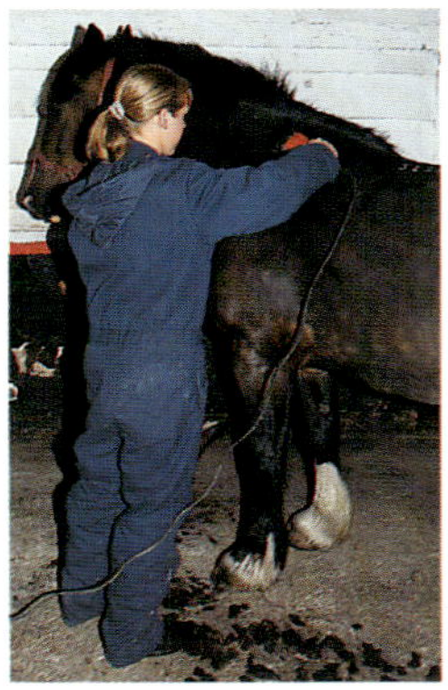

Le cheval doit être propre et sec pour être tondu. Il est parfois utile de marquer à la craie le tracé de la tonte. Une fois l'animal familiarisé avec le bruit de la tondeuse, il faut travailler à rebrousse-poil.

Mettre une couverture

1 Toutes les couvertures se mettent de la même façon. Plie-la en deux et installe-la sur le dos du poney, en avant de sa position normale.

2 Déplie l'arrière de la couverture sur l'arrière-train de l'animal, en veillant à ce qu'elle repose bien à plat.

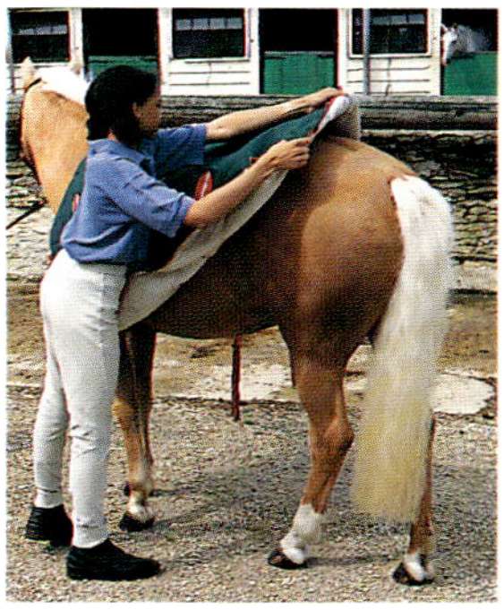

3 Ferme les attaches à l'avant et vérifie que la couverture est bien en place, pas trop serrée au niveau des épaules.

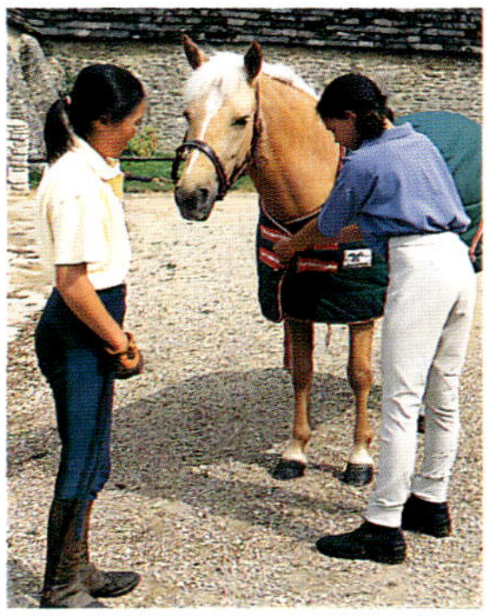

4 Lorsque tu es sûr qu'elle est bien mise, fixe les attaches sur les sangles sous le ventre et les courroies (s'il y en a) autour des membres.

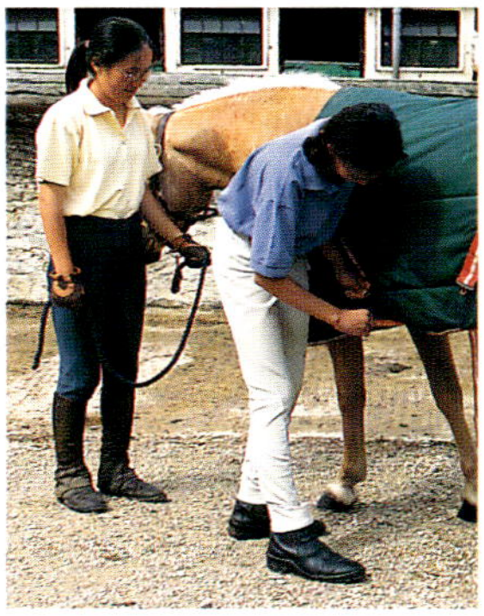

Couverture de pré
Imperméable et doublée, elle se porte l'hiver à l'extérieur.

Chemise d'été
Couverture légère qui garde le cheval propre et à l'abri des insectes, utile pour se rendre aux concours l'été.

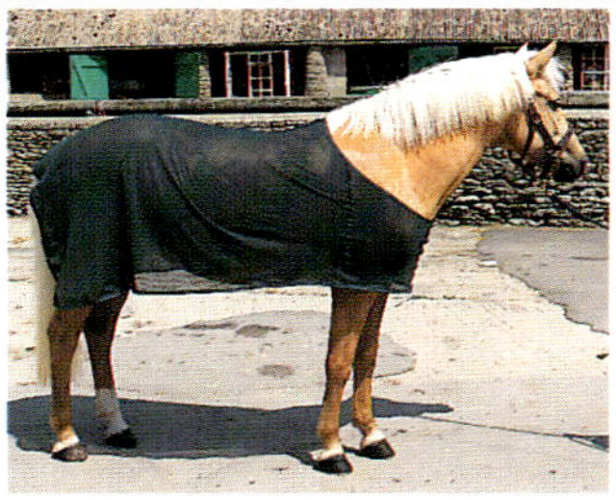

Chemise séchante
En nid d'abeille, elle se pose sur un cheval qui transpire pour l'aider à sécher sans attraper froid.

Types de couvertures

Il existe différents types de couvertures adaptés à différents usages. Certaines sont faites pour tenir chaud, tandis que d'autres gardent les chevaux propres. Elles sont en laine, jute ou nylon.

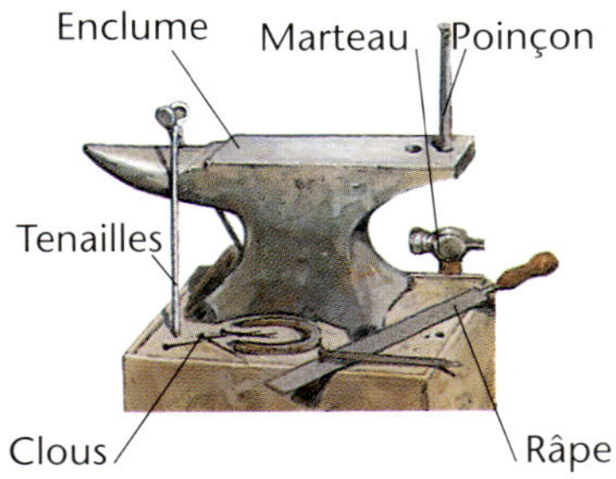

Quelques outils

Voici quelques-uns des outils utilisés par le maréchal-ferrant. Celui-ci forge le fer chauffé au rouge sur l'enclume et le place avec un poinçon.

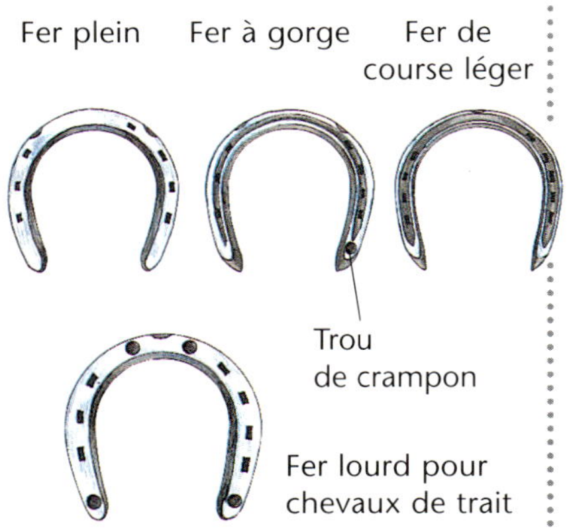

Types de fers

Il existe des fers pour tous les chevaux ; ils sont adaptés aux différentes activités équestres. Certains sont « orthopédiques » : ils corrigent les problèmes de pieds. La plupart ont une gorge pour une meilleure tenue.

Ferrage à chaud

Le ferrage à chaud permet d'adapter précisément les fers aux pieds du cheval. Une fois le fer bien cloué, le maréchal-ferrant lime les rivets et la paroi du sabot en contact avec le fer.

Fers et ferrure

Les sabots des chevaux poussent continuellement, comme nos ongles, et doivent donc être parés (taillés) toutes les six semaines environ. Lorsqu'un cheval travaille en terrain dur, ses sabots s'usent rapidement. Il doit donc être ferré. Régulièrement, le maréchal-ferrant retire les vieux fers, pare les pieds et ajuste des fers neufs. Le ferrage est indolore.

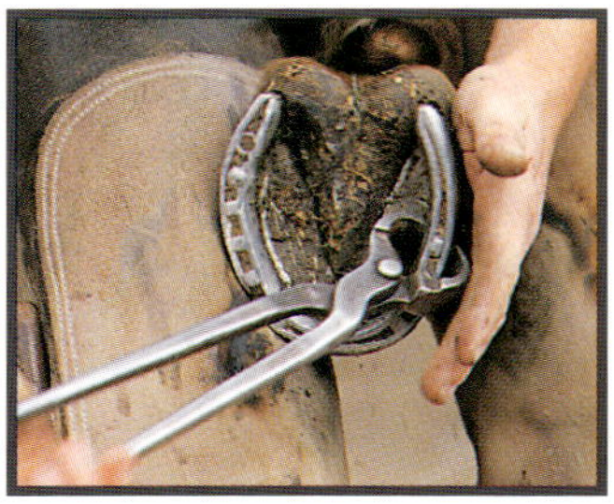

1 Le maréchal-ferrant coupe les rivets du vieux fer, puis arrache ce dernier avec des tricoises.

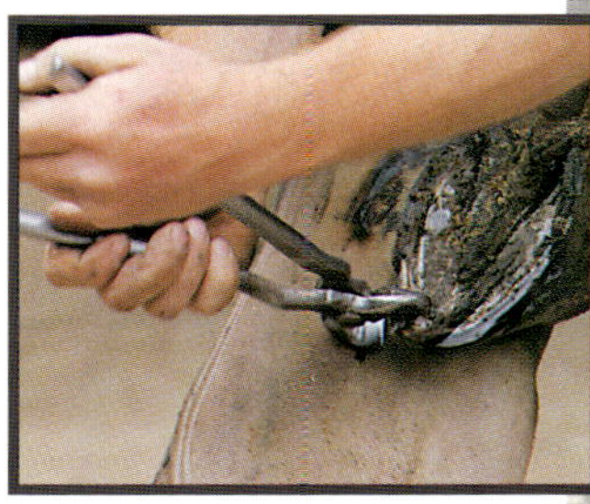

2 Il taille la corne en excédent avec une pince à parer et l'égalise avec une râpe.

3 Il chauffe le fer neuf dans un fourneau, puis le modèle à la forme du pied sur l'enclume.

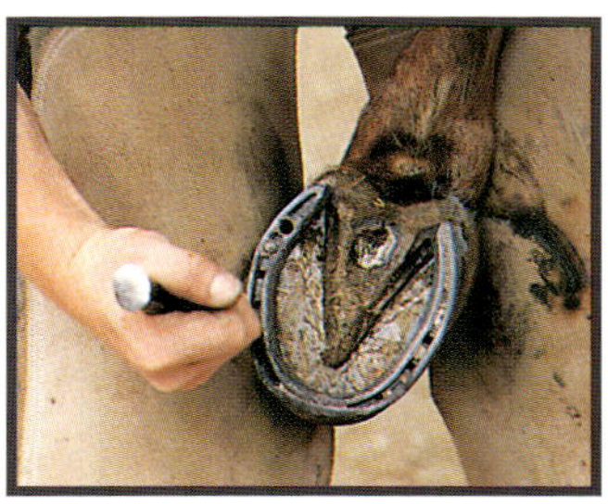

4 Il essaie le fer chaud sur le pied, l'ajuste parfaitement, puis le refroidit dans l'eau.

5 Il cloue le fer sur le pourtour du pied et rabat les pointes des clous contre la paroi.

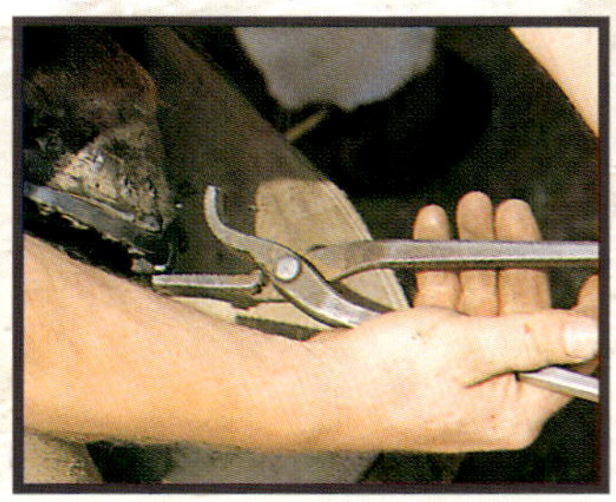

6 Pour bien fixer le fer, il aplatit contre la paroi les pointes des clous avec la pince à rivets.

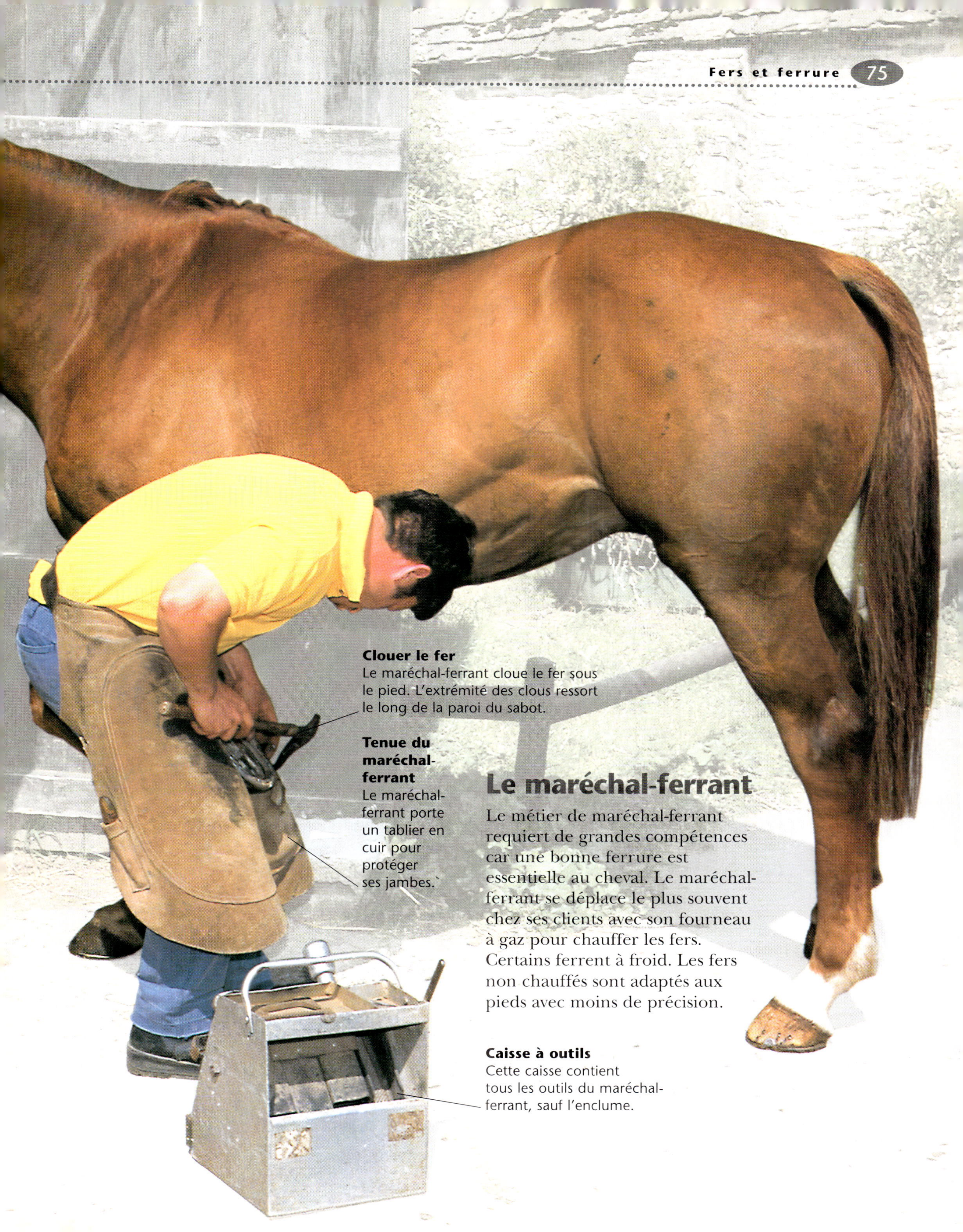

Clouer le fer
Le maréchal-ferrant cloue le fer sous le pied. L'extrémité des clous ressort le long de la paroi du sabot.

Tenue du maréchal-ferrant
Le maréchal-ferrant porte un tablier en cuir pour protéger ses jambes.`

Le maréchal-ferrant

Le métier de maréchal-ferrant requiert de grandes compétences car une bonne ferrure est essentielle au cheval. Le maréchal-ferrant se déplace le plus souvent chez ses clients avec son fourneau à gaz pour chauffer les fers. Certains ferrent à froid. Les fers non chauffés sont adaptés aux pieds avec moins de précision.

Caisse à outils
Cette caisse contient tous les outils du maréchal-ferrant, sauf l'enclume.

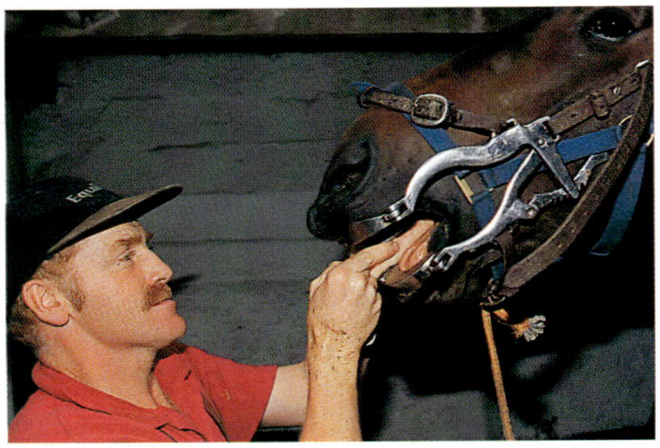

Râper les dents

Les molaires d'un cheval peuvent s'user irrégulièrement, formant des aspérités, les surdents, qui le gênent pour manger. Deux fois par an, il faut demander au vétérinaire ou au dentiste équin de vérifier les dents du poney et de lui râper ces surdents.

La santé du poney

Un cheval en bonne santé a les yeux vifs, une robe luisante et bon appétit. Cependant, même s'il est régulièrement vermifugé et vacciné, il peut tomber malade. Si un poney semble déprimé, boude sa nourriture ou s'il présente des symptômes plus évidents – une boiterie, une toux, le nez qui coule –, il faut demander conseil à un adulte expérimenté qui appellera peut-être le vétérinaire.

Vermifuger

Les chevaux au pré attrapent facilement des parasites intestinaux, ils doivent donc être vermifugés régulièrement. Le cheval infesté maigrit et peut mourir s'il n'est pas traité. Les vermifuges se présentent sous forme de pâte en seringue qui est injectée dans sa bouche ou d'une poudre à mélanger à sa nourriture.

Vacciner

Les chevaux doivent être vaccinés contre la grippe équine et le tétanos tous les ans, car ces deux maladies sont souvent fatales. Le vétérinaire fera une piqûre au poney. Rassure-toi, ce n'est pas douloureux pour lui. Son carnet de vaccination doit être conservé, il sera demandé lors des concours.

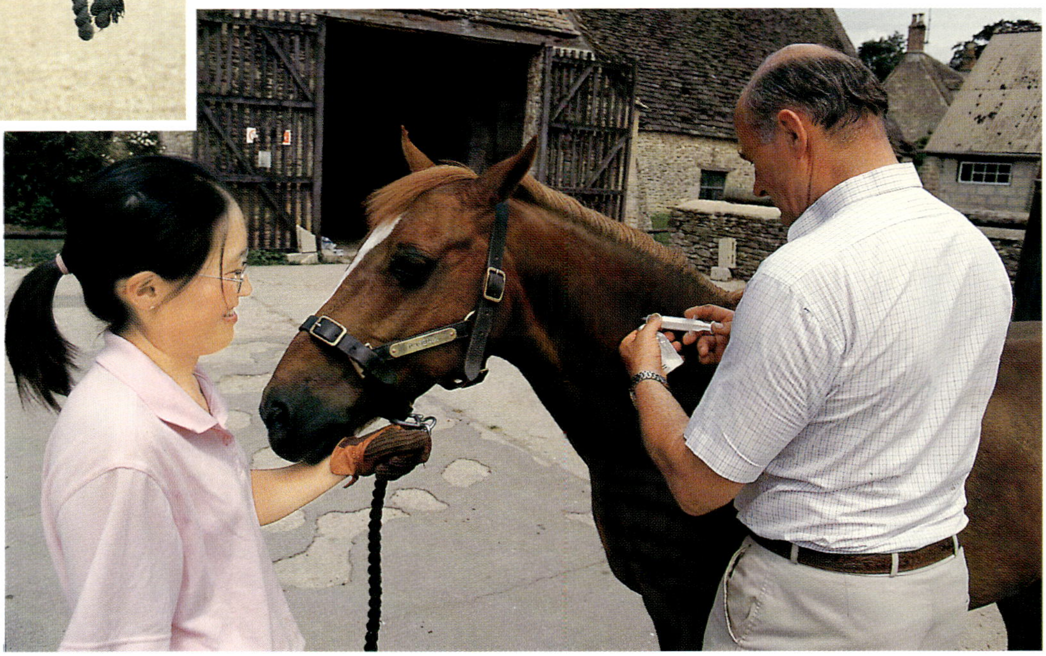

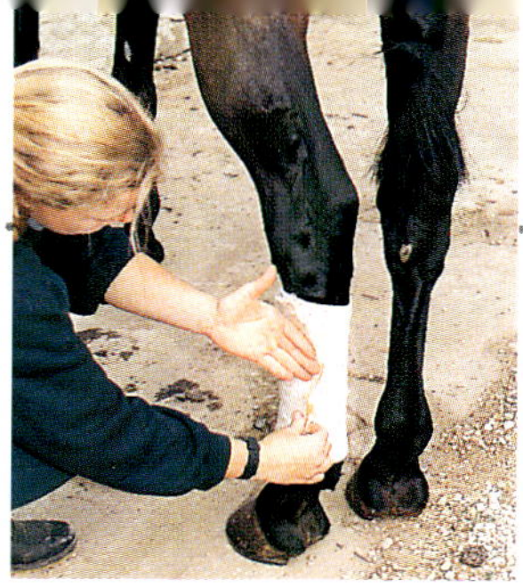
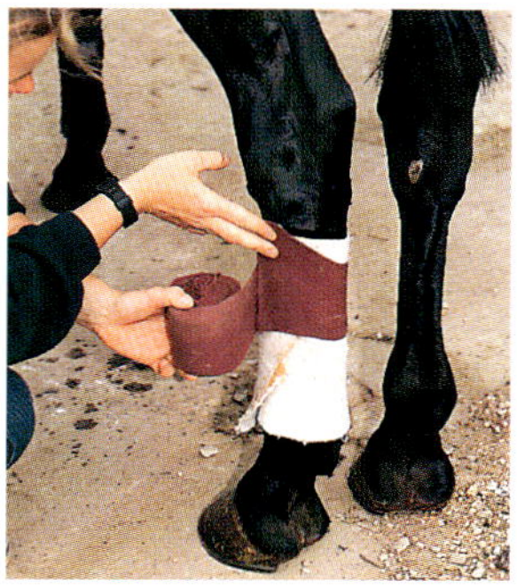
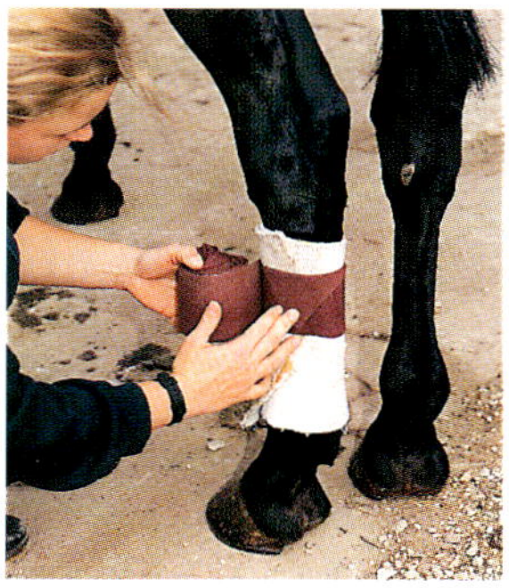
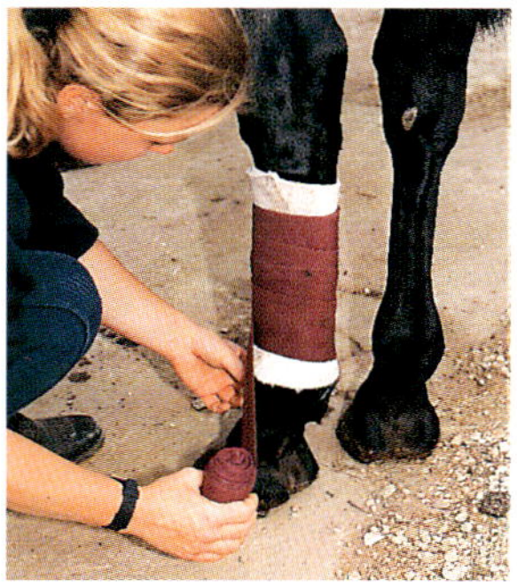
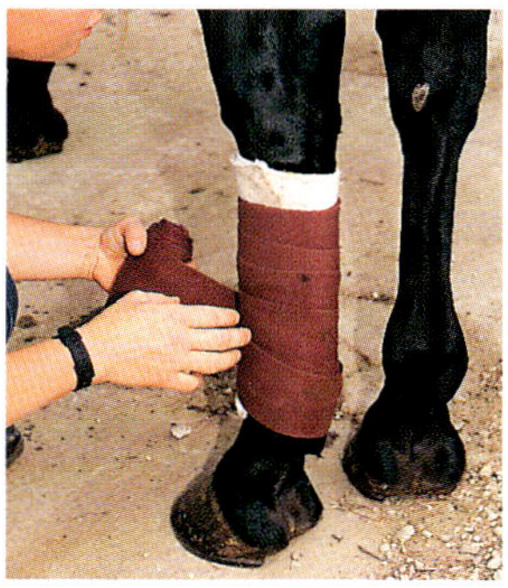
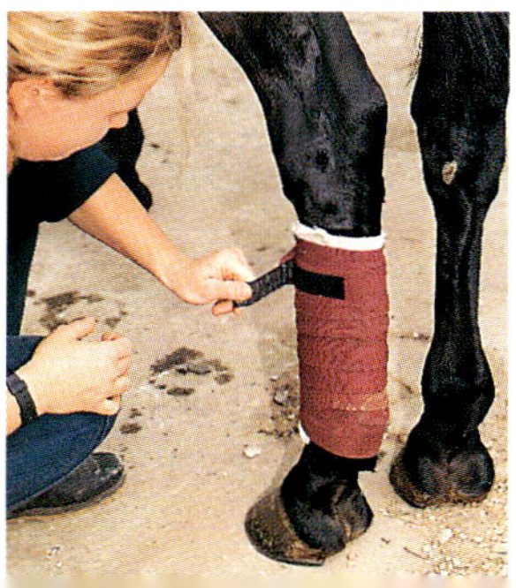

Poser un bandage

Pose d'abord un sous-bandage sur la jambe. Commence le bandage en haut et tourne autour du membre en faisant chevaucher chaque couche. En bas, fais un V avec la bande, puis remonte. Fixe la bande à l'extérieur. Bande les deux antérieurs ou les deux postérieurs, jamais un seul côté.

Désinfecter

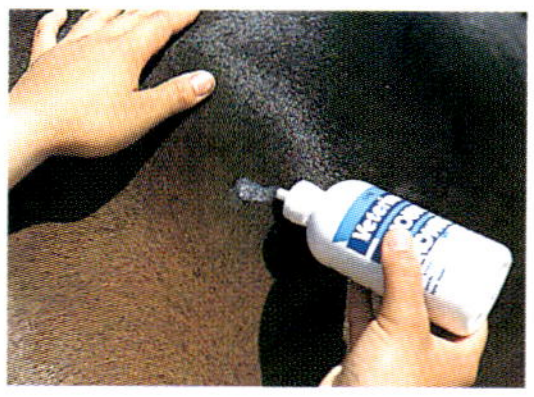

Les chevaux s'égratignent souvent, surtout lorsqu'ils vivent à l'extérieur. On peut soigner une petite blessure. Lave-la à l'eau propre, puis applique un antiseptique en spray ou en poudre. Cela facilitera la cicatrisation et éloignera les insectes.

Diagnostiquer une boiterie
Le vétérinaire demandera de faire marcher et trotter le poney blessé sur une surface plane et dure pour diagnostiquer une boiterie.

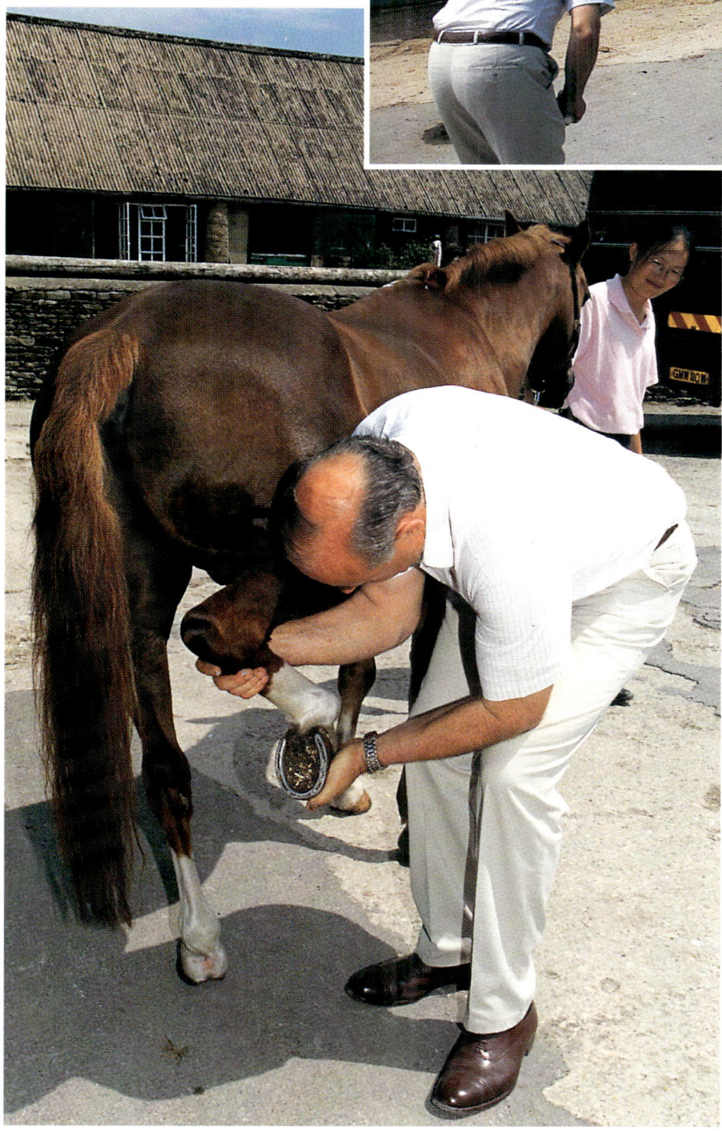

Appeler le vétérinaire

Si un poney présente un problème qui semble grave, il faut appeler le vétérinaire et ne jamais le laisser plus de 24 heures avec des troubles inexplicables. Il est important de noter soigneusement tous les symptômes.

Test de flexion
Pour mettre une boiterie en évidence, le vétérinaire peut faire un test de flexion. Il maintient le membre plié un moment, puis quelqu'un fait trotter le poney dès qu'il le lâche. Cela accentue la boiterie.

Le monde de la compétition

Aimer se promener à cheval dans la campagne n'empêche pas d'avoir envie de faire de la compétition. Tu peux participer à des concours dans de nombreuses disciplines : exhibition, saut d'obstacles, dressage, cross-country, endurance... Le mieux est de te renseigner et de t'inscrire par l'intermédiaire de ton centre équestre.

Les centres équestres
Les centres équestres organisent toutes sortes de compétitions auxquelles tu peux participer si tu as le niveau. Tu peux aussi t'informer pour savoir s'il existe d'autres activités équestres dans ta région.

L'endurance
Si tu prends part à une épreuve d'endurance, le poney devra être en parfaite condition physique car on te demandera peut-être de parcourir jusqu'à 80 km en un jour. Les chevaux arabes, très résistants, excellent dans cette discipline.

La voltige
La voltige est de la gymnastique à dos de cheval. Elle demande des qualités athlétiques, ainsi que des compétences équestres. Tu peux faire partie d'une équipe et apprendre à faire les figures sur le dos d'un cheval tenu en longe.

Tresser la crinière

1 Humidifie la crinière. Divise les crins en touffes égales en partant du haut de l'encolure. Attache-les avec des élastiques.

2 Fais une tresse bien serrée avec chaque touffe et fixe-la à l'aide d'un élastique. Prépare une aiguille et du fil assorti à la crinière.

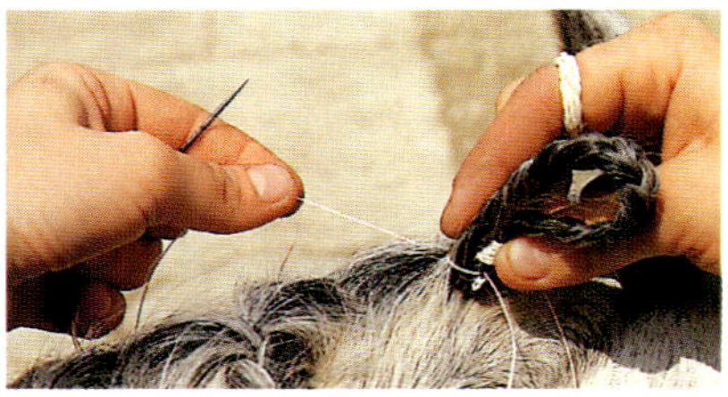

3 Fais un gros nœud à l'extrémité de ton fil et passe-le à travers le haut de la tresse. Plie la tresse en deux et couds-la serrée.

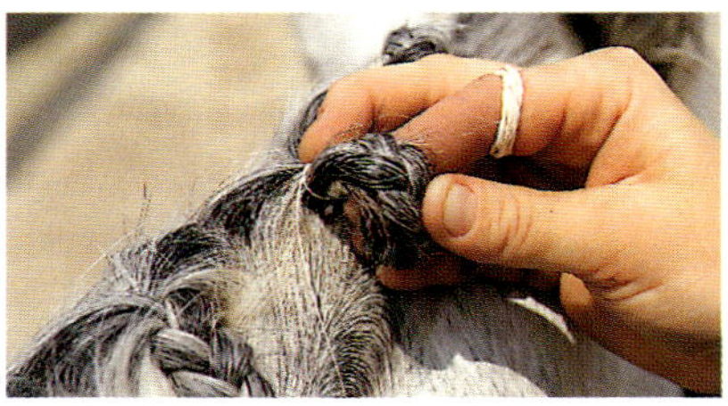

4 Replie une nouvelle fois la tresse en deux, puis couds-la. Pour finir, fais un nœud avec le fil sous la tresse et coupe-le.

Préparer un concours

Se préparer pour un concours est très amusant, mais cela demande du temps et du travail. S'il fait beau, tu pourras doucher le poney, sinon il faudra le panser méticuleusement. Il faudra aussi laver sa crinière et sa queue avant de les tresser, graisser ses sabots et t'assurer que le harnachement est bien propre. Ton poney doit être le plus élégant possible.

Les tresses
Tu peux fixer les tresses du poney avec des élastiques, mais si tu participes à une épreuve de présentation ou de dressage, il te faudra les coudre.

Pour qu'il soit le plus élégant possible

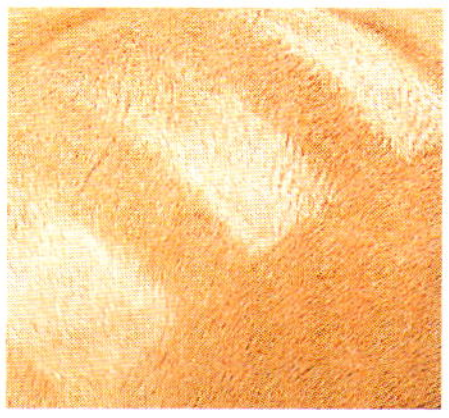

Motifs

Tu peux faire des motifs sur l'arrière-train du poney en humidifiant son poil et en le brossant sous différents angles. Tu peux aussi utiliser des pochoirs spéciaux pour obtenir des figures géométriques et du gel pour les fixer.

Taille les fanons fournis et coupe les longs poils des mâchoires.

Accentue la blancheur des crins et marques blancs avec de la craie.

Graisse les sabots, cela donnera du chic au poney.

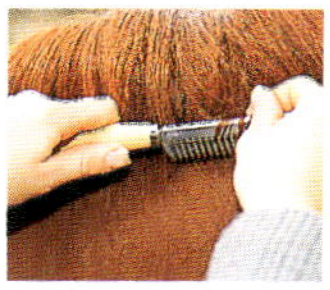

Épiler la crinière

Épile la crinière pour la désépaissir avant de la tresser. Avec un peigne à crinière, isole quelques crins de dessous et arrache-les.

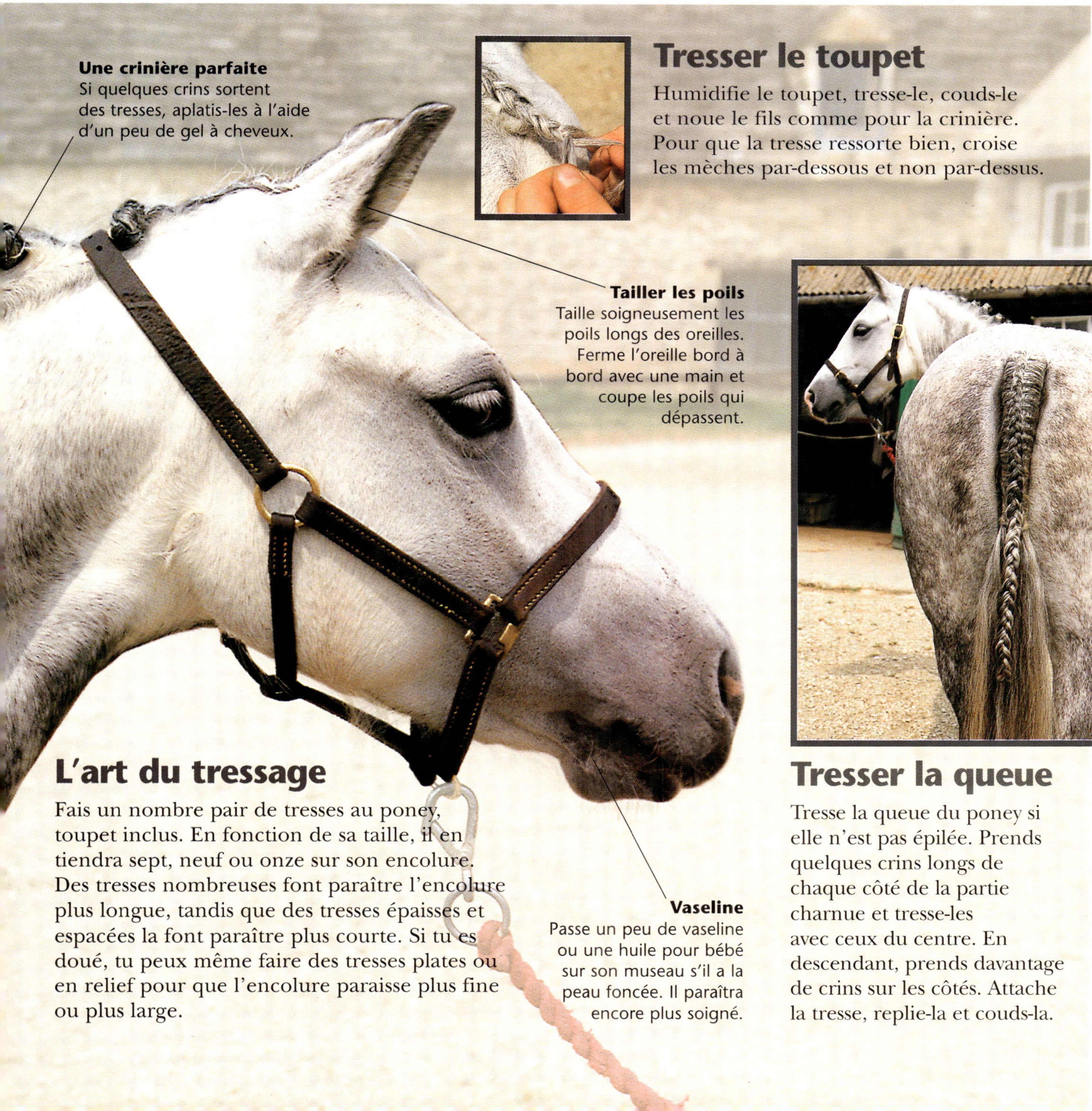

Une crinière parfaite
Si quelques crins sortent des tresses, aplatis-les à l'aide d'un peu de gel à cheveux.

Tailler les poils
Taille soigneusement les poils longs des oreilles. Ferme l'oreille bord à bord avec une main et coupe les poils qui dépassent.

Vaseline
Passe un peu de vaseline ou une huile pour bébé sur son museau s'il a la peau foncée. Il paraîtra encore plus soigné.

Tresser le toupet

Humidifie le toupet, tresse-le, couds-le et noue le fils comme pour la crinière. Pour que la tresse ressorte bien, croise les mèches par-dessous et non par-dessus.

L'art du tressage

Fais un nombre pair de tresses au poney, toupet inclus. En fonction de sa taille, il en tiendra sept, neuf ou onze sur son encolure. Des tresses nombreuses font paraître l'encolure plus longue, tandis que des tresses épaisses et espacées la font paraître plus courte. Si tu es doué, tu peux même faire des tresses plates ou en relief pour que l'encolure paraisse plus fine ou plus large.

Tresser la queue

Tresse la queue du poney si elle n'est pas épilée. Prends quelques crins longs de chaque côté de la partie charnue et tresse-les avec ceux du centre. En descendant, prends davantage de crins sur les côtés. Attache la tresse, replie-la et couds-la.

Voyager en toute sécurité

Lorsqu'on participe à des concours ou à des compétitions, on transporte les poneys en camion ou en van. La plupart des chevaux voyagent très bien lorsqu'ils sont habitués. Ils apprennent rapidement à compenser les mouvements du véhicule et à garder leur équilibre. Ils doivent néanmoins porter des protections spéciales pour prévenir des chocs éventuels.

Prêt pour le départ

Ce poney est prêt pour le voyage. Il peut être embarqué dans un van ou un camion. Une couverture le gardera propre, même par temps chaud.

Bander la queue

Bander la queue permet de la garder bien toilettée. Cela empêchera aussi le poney de la frotter contre la porte ou la paroi du van. À la place d'une bande, tu peux mettre un protège-queue ou ajuster ce dernier par-dessus une bande.

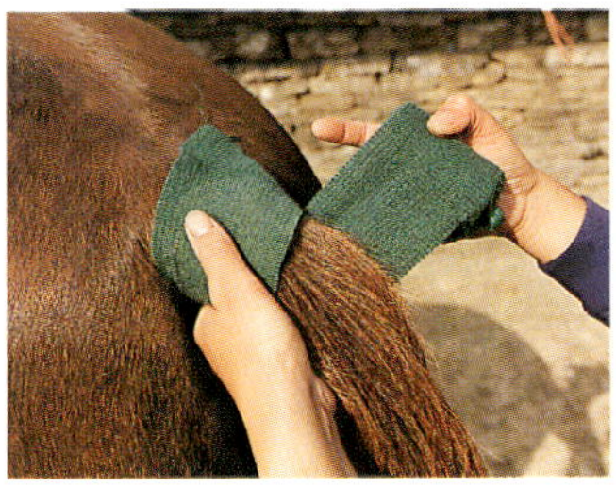

1 Commence le bandage en laissant un coin de la bande dépasser dans le haut.

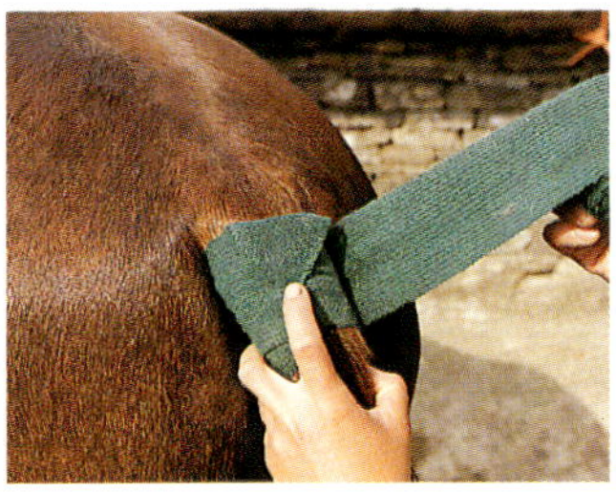

2 Fais quelques tours et rabats le coin, puis enroule la bande par-dessus.

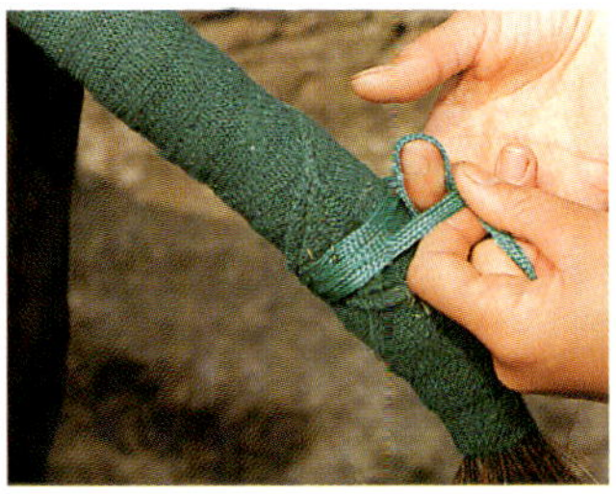

3 Enroule jusqu'au bout de la partie charnue de la queue, puis remonte et noue.

4 Replie une épaisseur de bande pour couvrir le nœud afin qu'il ne se défasse pas.

Retirer une bande de queue

Pour enlever une bande de queue, découvre le nœud et dénoue-le, puis fais glisser la bande pour aplatir les crins au fur et à mesure. Pour ranger la bande, enroule celle-ci en commençant par l'extrémité qui porte les attaches et en les plaçant à l'intérieur.

Embarquement

Il faut faire monter le poney au milieu de la rampe avec assurance. Certains rentrent directement. S'il hésite, prends ton temps. Essaie de soulever l'un de ses antérieurs et de le poser sur la rampe. Ouvre la porte avant du van, la lumière rassure les chevaux.

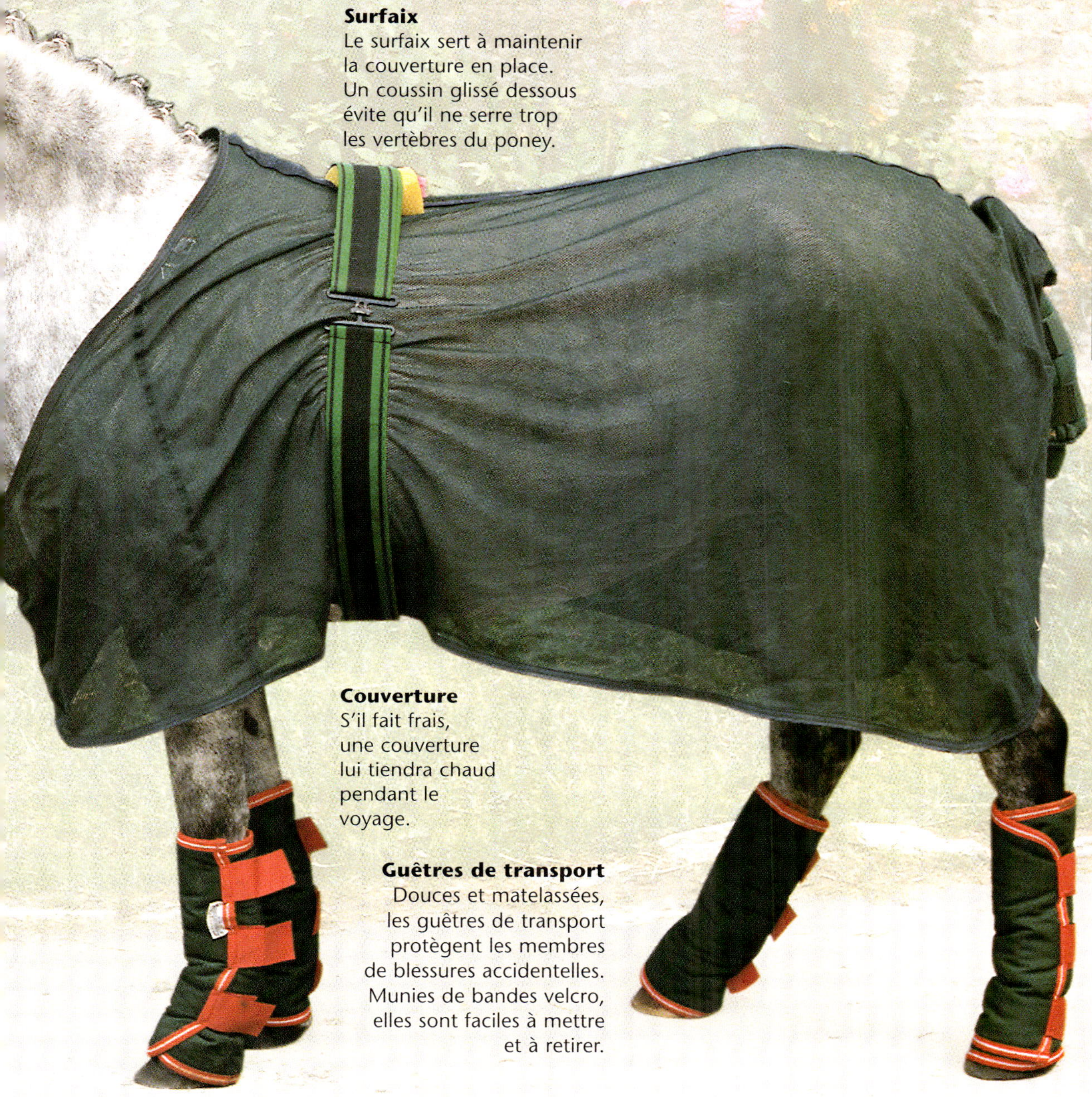

Surfaix
Le surfaix sert à maintenir la couverture en place. Un coussin glissé dessous évite qu'il ne serre trop les vertèbres du poney.

Couverture
S'il fait frais, une couverture lui tiendra chaud pendant le voyage.

Guêtres de transport
Douces et matelassées, les guêtres de transport protègent les membres de blessures accidentelles. Munies de bandes velcro, elles sont faciles à mettre et à retirer.

Une queue propre
Pour garder la queue propre sur toute sa longueur, replie-la et attache-la avec un élastique, puis protège-la avec une bande de queue.

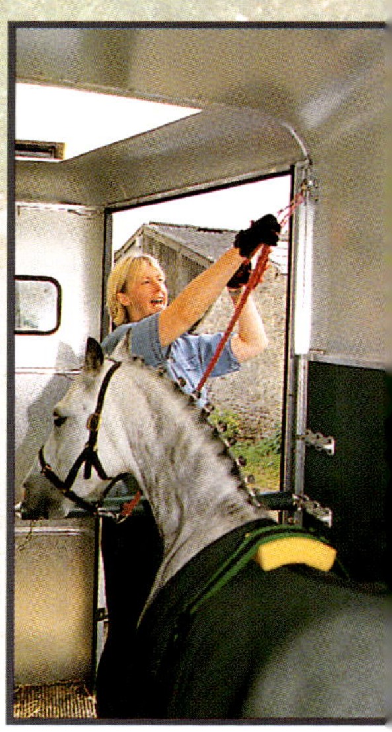

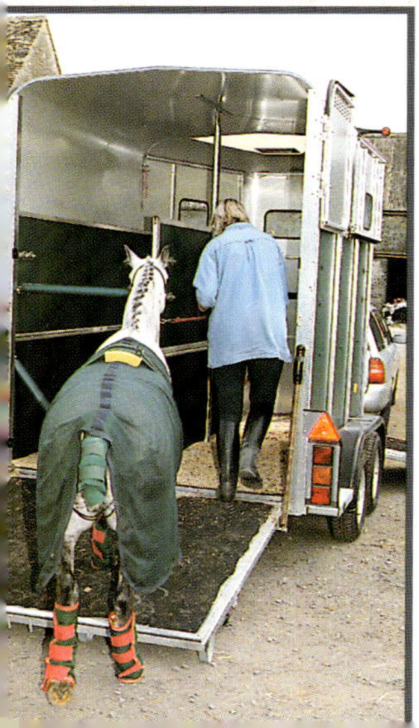

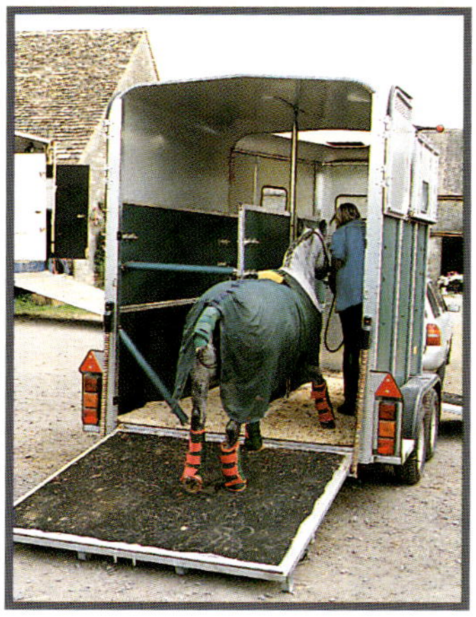

Dans le van

Il faut attacher le poney suffisamment court à l'intérieur du van, pour qu'il ne puisse pas faire de grands mouvements de tête et faire un nœud facile à défaire. Certains vans sont équipés de chaînes que l'on peut fixer au licol, de chaque côté, à hauteur du menton.

Arrivée sur le terrain

Faire de la compétition est excitant. Après le travail de préparation, tu seras fier d'être élégant et prêt à faire de ton mieux. Entre les épreuves, laisse le poney se reposer à l'ombre. Donne-lui à boire et un peu de foin ou fais-le brouter. Si tu gagnes une rosette, bravo, mais dans le cas contraire, ne t'énerve pas et ne gronde pas le poney. Tu feras mieux la prochaine fois.

Débarquer en reculant
Si le poney doit débarquer à reculons, place-toi à sa tête et pousse-le gentiment. Demande à quelqu'un de le guider à la rampe.

Débarquer en toute sécurité

Détache le poney avant d'ôter la barre de poitrail ou la barre arrière. Si possible, fais-le sortir par l'avant. Il ne faut pas le laisser se précipiter au bas de la rampe, il pourrait se blesser. Si tu penses qu'il peut tenter de sauter sur le côté, demande à des amis de se placer de part et d'autre.

Descendre par l'avant
Si le van est équipé d'un pont avant, débarque le poney par l'avant. Ne le laisse pas tirer et marche calmement.

Priorités
Attache le poney ou demande à quelqu'un de le tenir pendant que tu lui ôtes ses guêtres. Assure-toi qu'il ne s'est pas blessé au cours du transport.

Prêt pour le saut
Si tu participes à un concours d'obstacles, tu dois porter un gilet de protection.

Prêt pour l'exhibition
Pour une exhibition, fais-toi aussi élégant que possible. Cela te donnera confiance.

En attendant

Si tu es sûr qu'il ne va pas s'énerver, tu peux laisser le poney attaché au van. Attache sa longe à un morceau de ficelle qu'il peut casser en cas de panique. Il patientera d'autant mieux si tu suspends un filet à foin à sa portée.

Le secrétariat

À ton arrivée sur le lieu de la compétition, présente-toi au secrétariat. Si ce n'est pas déjà fait,tu pourras t'inscrire aux classes auxquelles tu veux participer et on t'attribuera un numéro. Tu y trouveras aussi les résultats des épreuves, affichés sur un tableau.

Un poney pour 2

Si tu partages un poney avec un ami, mettez-vous d'accord sur les classes auxquelles chacun de vous participera. C'est amusant de se regarder et de s'entraider à préparer les épreuves. Mais n'en demandez pas trop au poney.

Sauter en selle

En course, savoir sauter en selle pendant que le poney trotte ou galope est un gain de temps précieux. Tu dois courir à son côté en tenant la selle, puis sauter en lançant ta jambe par-dessus sa croupe.

Pony-games

Les pony-games sont des jeux équestres de vitesse et d'adresse réservés aux enfants. Certains se disputent en équipe, d'autres individuellement. Tu dois être bon joueur, réagir rapidement et avoir un poney vif et obéissant. Par l'intermédiaire de ton club hippique, tu peux devenir membre d'une équipe de compétition.

Course de relais
Ce jeu d'équipe consiste à galoper jusqu'à un fanion, à le ramasser et à retourner au galop le donner au membre suivant de l'équipe.

Quelques conseils

Pour réussir dans ces jeux, tu dois avoir l'esprit vif, être en forme et bien entraîné.

Le poney doit être rapide, agile et surtout obéissant – à quoi bon le pousser au grand galop si tu ne peux pas l'arrêter ou le faire tourner !

Course de tonneaux
Dans cette course autour de tonneaux, le poney doit être rapide et savoir tourner court sans perdre l'équilibre.

L'entraînement avant tout

Quels que soient les jeux que tu choisiras, il faudra t'entraîner très sérieusement. Le jour de la compétition, un poney qui réagit parfaitement aux ordres fera la différence. Travaille les transitions et les changements de direction aux allures rapides. Entraîne-toi à sauter en selle et à terre le plus rapidement possible, et à te pencher pour ramasser des objets.

L'œuf et la cuiller
Ce jeu demande de l'adresse. Même si l'œuf est faux, tu dois arriver à le transporter sur une cuiller !

Le pneu
Ton partenaire et toi devez sauter de vos poneys, passer dans un pneu, puis remonter en selle.

La pyramide
Tu dois te pencher et empiler des boîtes sans perdre l'équilibre ni faire tomber la pyramide.

Course à la pomme de terre
Tu dois ramasser une pomme de terre, galoper à l'autre bout du terrain et la jeter dans un seau.

MPC

Les concours hippiques

Dans les concours hippiques, toutes les épreuves se déroulent dans un temps limité ; certaines même se courent contre la montre : c'est celui qui fait le sans-faute le plus rapide qui l'emporte. Tu seras pénalisé pour une barre tombée, un refus, une dérobade ou une chute. Trois refus ou une erreur de parcours et c'est l'élimination. Si plusieurs concurrents font un sans-faute, un barrage, parcours plus court, mais plus difficile, les départagera.

Reconnaissance du parcours

Avant l'épreuve, tous les concurrents ont le droit de reconnaître le parcours pour pouvoir le mémoriser et choisir le meilleur tracé. Étudie attentivement chaque saut et compte bien les foulées que le poney devra faire entre les obstacles combinés.

Sur le terrain d'échauffement

C'est un terrain sur lequel sont installés un ou deux obstacles pour l'échauffement des chevaux avant les épreuves. Dès que l'épreuve commence, tu dois attendre près de l'entrée de la carrière jusqu'à ce qu'on appelle ton numéro.

Spa
Triple barres en escalier

Haie barrée
Obstacle large plus haut au centre

Barrière
Obstacle vertical haut

Mur
Obstacle en « briques » qui tombent facilement

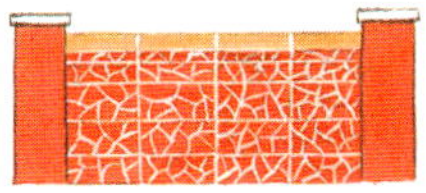

Muret barré
Un muret surmonté de barres

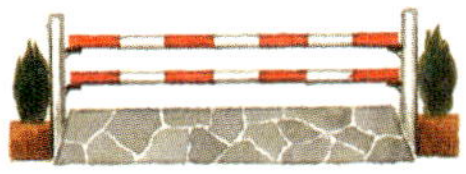

Stationata
Obstacle vertical fait de barres superposées

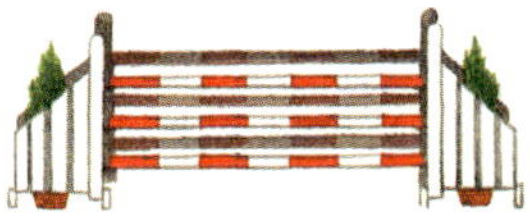

Oxer rustique
Un oxer (barres parallèles) avec une haie au milieu

Dos d'âne
La barre centrale est la plus haute.

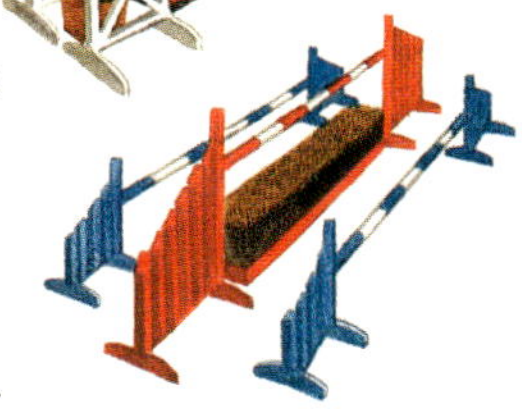

Types d'obstacles

Il existe quatre principaux types d'obstacles : les verticaux, les larges, les combinaisons et les rivières. Les verticaux sont difficiles. Les larges sont plus faciles car moins hauts. Les combinaisons – plusieurs sauts espacés d'une ou deux foulées – doivent être bien évalués par les concurrents. Les rivières demandent une bonne extension.

Rester concentré

Pendant le parcours, garde toujours une bonne position en selle. Entretiens l'impulsion du poney avec assurance à chaque saut et regarde l'obstacle suivant.

Gagner du temps

Avant de commencer le parcours, il est important d'en avoir mémorisé le tracé. Ainsi, après chaque saut, tu peux immédiatement te concentrer sur le suivant et économiser de précieuses secondes en prenant le chemin le plus court.

Sans faute

Ne te précipite pas. Le poney pourrait perdre son équilibre et heurter les barres.

Conduis-le avec assurance. S'il sent ton hésitation, il pourra faire un refus.

Si tu sens qu'il va refuser, encourage-le d'un petit coup de cravache derrière la sangle.

Ne le frappe pas s'il renverse un obstacle ; tente une meilleure approche la prochaine fois.

Présentation en main et reprise de dressage

Pour la présentation en main ou les reprises (épreuves) de dressage, il te faut un poney bien éduqué. Votre apparence doit être impeccable. Le poney est jugé sur sa conformation (silhouette et proportions), ses allures et son comportement. Tu devras le monter au pas, au trot et au petit galop à chaque main, le faire marcher et trotter en main, et parfois faire une démonstration individuelle.

Présentation en main

Alignés dans la carrière, les concurrents doivent desseller leur poney pour l'inspection, puis le faire marcher et trotter en main pour que le juge apprécie la rectitude de ses allures.

Présentation individuelle

Cette présentation te permet de mettre en valeur les allures du poney. Généralement, le concurrent trotte et galope aux deux mains sur un cercle ou sur un huit de chiffre et termine par un arrêt « au carré ».

Avant la reprise

Avant la reprise, travaille minutieusement ton poney pour qu'il soit prêt à donner son maximum. Certains ont besoin de s'échauffer plus longtemps. Respecte son rythme.

En reprise

Concentre-toi et reste calme. Les juges chargés de la notation écrivent leurs commentaires sur une feuille de score. On te la remettra. Elle te sera utile pour connaître tes points forts et aussi tes faiblesses.

Quelques conseils

Vérifie que ta tenue et le harnachement sont conformes aux exigences de la compétition.

Assure-toi que tu es d'une propreté impeccable et que ton poney est parfaitement toiletté. La première impression faite sur les juges est très importante.

Demande à quelqu'un de t'aider à répéter les mouvements de la reprise pour la mémoriser.

Trouve une astuce pour t'aider à mémoriser la reprise.

Entraîne-toi jusqu'à ce que le poney et toi soyez capables de l'effectuer parfaitement.

En haut niveau

Certains cavaliers se spécialisent dans le dressage. Ci-contre, une démonstration de trot allongé lors des Jeux équestres mondiaux de 1998. Pour arriver à ce niveau, cheval et cavalier doivent s'entraîner des années durant.

Le cross-country

Haie

Toit de bergerie

Tronc couché

Pneus

Barrière

Types d'obstacles

Les obstacles de cross-country imitent les obstacles naturels que tu peux rencontrer en randonnée : barrières, haies, troncs couchés, murets, fossés, talus ou gués. Ils sont fixes et ne se renversent pas lorsqu'on les heurtent. Ils peuvent être placés dans une montée ou une descente.

Le cross-country est une discipline qui demande beaucoup d'énergie et de courage. Sur le terrain, les obstacles sont fixes et très espacés. Tu seras pénalisé pour chaque erreur : refus, franchissement d'un obstacle au mauvais endroit, erreur de parcours, chute ou dépassement de temps. Les obstacles sont bornés par deux fanions, un blanc et un rouge. Tu dois sauter entre les deux, avec le rouge à main droite et le blanc à main gauche. Parfois, tu pourras choisir entre un tracé facile, mais lent et un rapide, mais plus risqué.

Hunter

Les épreuves de hunter (cheval de chasse) sont ouvertes aux chevaux et aux poneys. Le parcours s'effectue à travers bois et champs, et tu peux avoir à ouvrir une barrière. Tu dois généralement terminer une section du parcours ou le parcours entier en un temps limité.

Reconnaître le parcours

Avant l'épreuve, tu peux aller reconnaître le parcours, ce qui te permettra de regarder les obstacles et de choisir la meilleure approche possible. Vérifie le terrain dans les zones d'appel et de réception et tâche de repérer les objets susceptibles d'effrayer le poney.

Concours complet

Il comprend du dressage, du cross-country et du saut d'obstacles, ce qui permet de tester toutes les capacités du cheval et du cavalier. Pour le dressage, le cheval doit faire preuve de précision et de calme ; pour le cross-country, de vitesse, d'endurance et de bravoure ; pour l'obstacle, de souplesse et d'obéissance. En haut niveau, il dure deux ou trois jours.

Ci-contre, un cavalier en plein effort sortant du lac au concours complet de Badminton (Angleterre).

Cross-country

Le cross-country comprend un steeple-chase – une course de 3,6 km balisée par 12 obstacles. La vitesse de l'épreuve avoisine les 40 km/h, ce qui est la performance d'un cheval de course. En haut niveau, le cross-country des concours complets inclut aussi des sections de routes et de chemins, avant et après le steeple-chase.

Glossaire

Le galop à quatre temps est l'allure la plus rapide.

Pony-games

Le monde du cheval a son propre langage et il se peut que tu ne comprennes pas tous les mots que tu lis ou entends. Tu trouveras ici une définition claire et une explication de certains termes techniques.

action Manière de se mouvoir d'un cheval.

aides Moyens dont dispose le cavalier pour donner des indications à son cheval et lui faire comprendre ce qu'il attend de lui. Les aides naturelles sont les jambes, l'assiette, les mains et la voix ; les aides artificielles sont la cravache et les éperons.

ailes Supports des barres d'un obstacle.

allures Mouvements que font les chevaux pour se déplacer. Les allures naturelles sont le pas, le trot, le galop (à trois temps et à quatre temps). Il existe des allures artificielles, acquises par le dressage, et des allures défectueuses.

antérieurs Membres de devant d'un cheval.

aplomb Axe et position des membres sous le cheval. De bons aplombs sont nécessaires à un bon équilibre.

arçon Armature interne d'une selle

arrière-main Croupe, fesses, membres postérieurs et queue. Si dit d'un cheval monté.

assiette Manière dont le cavalier se tient en selle et assure son équilibre.

avant-main Tête, encolure, épaules, garrot et membres antérieurs d'un cheval.

barre Zone de la mâchoire du cheval entre les incisives et les molaires, et où on place le mors.

battue Moment où le sabot frappe le sol. Si deux sabots se posent simultanément, ils ne font qu'une battue.

botter En parlant d'un cheval : donner un coup de pied avec un postérieur.

boulet Articulation du membre du cheval, entre le canon et le paturon.

bride double Bride munie de deux mors et de deux paires de rênes. Elle est surtout utilisée en dressage.

cabrer (se) Se dit d'un cheval qui se dresse sur ses membres postérieurs.

cadence Fréquence de pose d'un membre au sol.

carrière Manège extérieur découvert.

chambrière Sorte de fouet long et léger utilisé dans le manège ou pour faire travailler un cheval en longe sur un cercle.

chanfrein Zone de la tête du cheval située entre le front et les naseaux.

changer de main Changer de direction dans le manège ou la carrière de compétition.

changer de pied en l'air Au galop, action de changer le membre meneur au moment du temps de suspension.

chaps Jambières de cuir qui se portent par-dessus le pantalon et qui servaient autrefois aux cow-boys à se protéger des buissons épineux quand ils menaient le bétail.

châtaigne Petite excroissance cornue présente à l'intérieur des quatre membres d'un cheval, dans la région des genoux et des jarrets.

collier Courroie que l'on peut mettre autour de l'encolure d'un cheval pour aider le cavalier débutant à maintenir son équilibre. Partie d'une martingale.

collier de chasse Courroie fixée de chaque côté de la selle et à la sangle, sous le ventre du cheval, et qui repose sur son poitrail. Sert à empêcher la selle de reculer.

conformation Silhouette et proportions d'un cheval.

cru (à) Monter sans selle.

débourrage Période d'apprentissage d'un jeune cheval destiné à être monté ou attelé.

déjuger (se) Se dit d'un cheval qui pose ses postérieurs en arrière de l'empreinte des antérieurs.

dérober (se) Se dit d'un cheval qui fuit l'obstacle en s'écartant sur le côté.

destrier Cheval lourd utilisé par les chevaliers lors des tournois ou à la guerre.

désunir (se) Se dit d'un cheval qui galope sur un membre antérieur et sur le membre postérieur opposé.

diagonale Un cheval trotte par bipèdes diagonaux. Au trot enlevé, le cavalier s'assied à la première battue et se soulève à la suivante. Il peut trotter sur la diagonale droite ou gauche.

dressage Entraînement du cheval ou discipline de compétition de l'équitation classique.

écart Action du cheval qui se dérobe sur le côté lorsqu'il est effrayé par quelque chose.

épiler Ôter quelques crins de la crinière et de la queue pour les désépaissir et les aplatir.

étalon Cheval mâle âgé de quatre ans et plus, et

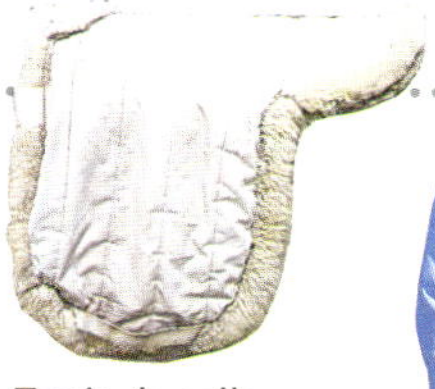

Tapis de selle

Cavalière en tenue

Cheval gris pommelé

Jument Shetland et son poulain

Cravaches

généralement destiné à la reproduction.

extension Allongement des lignes du cheval : il se déplace plus vite en faisant des foulées plus longues et plus rasantes.

fanon Touffe de poils plus ou moins longs et fournis que les chevaux possèdent à l'arrière des boulets et qui protège les paturons de l'humidité.

foulée Distance parcourue par un pied du cheval entre deux battues successives.

fourchette Coussinet de corne élastique de la sole des pieds des chevaux, qui sert d'amortisseur.

grégaires Se dit des animaux qui vivent en troupeaux, comme les chevaux.

hackamore Type de bride sans mors dont l'action se situe au niveau du chanfrein.

harnachement Ensemble de l'équipement utilisé pour monter un cheval.

hongre Cheval mâle castré, inapte à la reproduction.

impulsion Énergie fournie par le cheval à la demande du cavalier. Elle n'est pas synonyme de vitesse.

juger (se) Se dit d'un cheval qui pose ses postérieurs dans l'empreinte des antérieurs.

jument Cheval femelle de quatre ans et plus.

lavés Se dit des crins lorsqu'ils sont d'un ton plus clair que le fond de la robe.

longer Faire travailler un cheval aux trois allures, sur un cercle autour du dresseur, à l'aide d'une longe, d'un caveçon et d'une chambrière.

manège Espace clos et couvert, aménagé pour l'enseignement de l'équitation.

méjuger (se) Se dit d'un cheval qui pose ses postérieurs en avant de l'empreinte des antérieurs.

membre meneur Qui se porte légèrement en avant des autres au galop.

mors Pièce métallique de la bride dont une partie entre dans la bouche du cheval (l'embouchure ou le canon du mors).

mors de bride Mors muni de longues branches et qui s'emploie avec une gourmette (chaînette) destinée à renforcer son action. Il en existe de nombreux types, utilisés en dressage et en équitation western sur les chevaux bien dressés.

ocelle Tache arrondie sur certains animaux, dont le centre et le pourtour sont de couleurs différentes.

postérieurs Membres de derrière d'un cheval.

poulain Cheval mâle de moins de quatre ans.

pouliche Cheval femelle de moins de quatre ans.

race Groupe de chevaux chez lesquels certains caractères ont été sélectionnés sur des générations, et qui sont capables de les transmettre fidèlement à leur descendance.

robe Couleur des poils et des crins d'un cheval.

ruade Mouvement du cheval qui lance ses postérieurs vers l'arrière pour se défendre ou frapper un ennemi.

saut de mouton Mouvement effectué par un cheval qui bondit verticalement, dos voûté, les quatre membres décollant du sol, pour tenter d'éjecter son cavalier.

saut de puce Combinaison dont les obstacles ne sont pas espacés d'une foulée. À la réception du premier obstacle, le cheval prend immédiatement son appel pour sauter le suivant.

standard Ensemble des caractéristiques permettant de décrire et de définir une race.

stud book Livre généalogique des chevaux de race. Chaque race possède son propre stud book. Le *General Stud Book* recense les Pur-sang.

surfaix Sorte de sangle matelassée au niveau du dos et qui sert à maintenir une couverture sur le dos du cheval.

suspension (en) Ou en extension. En équitation classique, position en avant, au-dessus de la selle et en appui dans les étriers, qu'adopte le cavalier pour galoper ou sauter. En équitation western, le cavalier reste toujours en contact avec la selle.

tondage Action de tondre le poil de certains animaux, comme le cheval.

toupet Partie de la crinière qui retombe sur le front du cheval.

travail sur le plat Travail sans saut d'obstacles.

troussequin Partie qui remonte à l'arrière d'une selle.

type Cheval n'appartenant pas à une race particulière, mais destiné à un usage spécifique, par exemple, le cob, le hunter (cheval de chasse) ou le poney de polo.

vermifuge Médicament destiné à tuer les parasites intestinaux (les vers) des chevaux.

voltige Gymnastique à dos de cheval. Se pratique individuellement ou en équipe.

yearling Poulain Pur-sang d'un an.

Index

Sites Internet consacrés aux chevaux et aux poneys

www.eii.fr (sites officiels, actualité, petites annonces, foire aux questions et « anneau équestre francophone »)

www.haras-nationaux.fr (site officiel des haras français)

www.lechem.com et www.hippoplus.com/grev (pour venir en aide aux chevaux maltraités)

www.1cheval.com (un excellent site de référence qui allie un moteur de recherche sur le cheval)

www.cheval.fr (annuaires, sites, e-mail, clubs)

www.sports-equestres.com (informations et résultats sur toutes les disciplines, concours hippiques, voltige, dressage…)

L'éditeur tient à remercier : les membres de la famille Hutton, Patricia Curtis et Alison Jane Berman, Parker Dunn, Theo Freyne, Maria Gretzer ,Emma Harford, Brian Hutton, Charlie Hutton, Pippa Hutton, Pete Jenkins (dentiste équin), Eric Lin, Lucy Miller (cavalière de haut niveau), Charlotte Nagle, Andrew Nicholson, Jay Rathore, Nicola Ridley, Ignacio Romero Torres, Victoria Taylor, Sophie Thomas, Ayako Watanabe, Isabell Werth et Sawako Yoshii.